Brain Food Games
Volume 12

CAMPING GAMES

Sudoku

Tic-Tac-Toe

Word Search   Crosswords
Connect the Dots

created by Chris Mellow

THIS PUZZLE BOOK BELONGS TO

Cover image donated by Brayden Law @ Unsplash.com

INTRODUCTION

Welcome to *Camping Games*—a puzzle book filled with activities that will give you hours and hours of fun. And the real beauty of this puzzle book is the solutions *for every puzzle* are found on the back of the page you are solving! This eliminates the need to go to the back of the book while trying to read those tiny little numbers on the solution pages.

In this book you will find four (4) levels of Sudoku puzzles beginning with "very easy", then progressing to "easy", then "medium", and finally "harder."

If you're not really feeling like playing with numbers, then give Word Search a try. Here you will find puzzles with words relating to camping that are formed vertically, horizontally, diagonally, and even backwards. With thirty-four (34) and thirty-five (35) words to look for in each puzzle, you will have plenty to enjoy looking for on each page.

Along with several camping crossword puzzles that are quite challenging, you will also find good ol' Tic-Tac-Toe. This age old game is not only fun to play, but whoever wins the game gets to put their name on the "winner" line right under the puzzle. This will make it easy to see who the real champion is in your family. You might even want to date the games when you win, too.

Finally, you will find numerous pages for playing "Connect the Dots." This game can be played with two or more players and can provide hours of fun as each person strives to make as many boxes as they can as they place their initial inside the boxes as the dots get connected and the page fills up.

So grab your favorite pencil or pen and enjoy all this puzzle book has to offer. It will make those rainy days brighter and cause the miles to go by faster as you make your way to your next camping destination.

Camping Games is truly a game book that is waiting to give you and your family hours of fun, challenges, and laughter.

TABLE OF CONTENTS

Please note: *Solutions for every puzzle are found on the back of each puzzle page so there is no index*

9 x 9

VERY EASY

		2			4	5		
		3		7		9	6	
			8				7	
3		8		9			1	
	1		2		7		5	
	9			8		3		2
	7				8			
	3	6		5		1		
		9	1			4		

5	6	7	3	4	2	8	1	9
3	8	9	1	6	7	5	4	2
1	2	4	8	5	9	3	6	7
8	3	6	9	7	1	4	2	5
4	7	2	5	3	6	1	9	8
9	5	1	2	8	4	6	7	3
2	4	3	6	9	8	7	5	1
7	9	8	4	1	5	2	3	6
6	1	5	7	2	3	9	8	4

1	5			8			2	
		2			7	1	9	
							7	
3	9		4	7				
8		4		9		3		7
				6	3		4	1
	6							
	8	3	7			4		
	2			4			5	6

1	5	7	9	8	4	6	2	3
6	4	2	5	3	7	1	9	8
9	3	8	6	1	2	5	7	4
3	9	6	4	7	1	2	8	5
8	1	4	2	9	5	3	6	7
2	7	5	8	6	3	9	4	1
4	6	9	1	5	8	7	3	2
5	8	3	7	2	6	4	1	9
7	2	1	3	4	9	8	5	6

4			3		8		5	9
						2		
1				6		3		7
7	3	6			9			
		9		3		1		
			8			9	3	6
5		2		9				1
		4						
6	8		5		4			3

4	2	7	3	1	8	6	5	9
9	6	3	4	7	5	2	1	8
1	5	8	9	6	2	3	4	7
7	3	6	1	5	9	8	2	4
8	4	9	2	3	6	1	7	5
2	1	5	8	4	7	9	3	6
5	7	2	6	9	3	4	8	1
3	9	4	7	8	1	5	6	2
6	8	1	5	2	4	7	9	3

		5	9	4	2	3	8	
4								
		6			3		9	
1	9			6				
5	6			7			2	3
				9			1	8
	4		8			5		
								1
	2	3	5	1	6	4		

7	1	5	9	4	2	3	8	6
4	3	9	6	8	1	2	5	7
2	8	6	7	5	3	1	9	4
1	9	2	3	6	8	7	4	5
5	6	8	1	7	4	9	2	3
3	7	4	2	9	5	6	1	8
9	4	1	8	3	7	5	6	2
6	5	7	4	2	9	8	3	1
8	2	3	5	1	6	4	7	9

			5					6
	4			9	7			1
		7						2
	7	1	3				6	5
3		9		4		2		7
2	6				8	9	3	
8						5		
9			4	3			7	
7					6			

1	2	3	5	8	4	7	9	6
6	4	8	2	9	7	3	5	1
5	9	7	1	6	3	4	8	2
4	7	1	3	2	9	8	6	5
3	8	9	6	4	5	2	1	7
2	6	5	7	1	8	9	3	4
8	1	6	9	7	2	5	4	3
9	5	2	4	3	1	6	7	8
7	3	4	8	5	6	1	2	9

	7							
1	9			2	8		7	
	3				6	5		9
7	1		6					3
			7	1	2			
6					5		4	7
9		4	3				2	
	6		5	9			3	1
							9	

8	7	6	9	5	3	4	1	2
1	9	5	4	2	8	3	7	6
4	3	2	1	7	6	5	8	9
7	1	8	6	4	9	2	5	3
5	4	3	7	1	2	9	6	8
6	2	9	8	3	5	1	4	7
9	8	4	3	6	1	7	2	5
2	6	7	5	9	4	8	3	1
3	5	1	2	8	7	6	9	4

			6	4			9	
		9	7					
		6	1			8	4	5
8			4		9	3		
9								1
		7	2		1			9
3	8	2			7	9		
					8	1		
	5			2	4			

1	3	8	6	4	5	2	9	7
5	4	9	7	8	2	6	1	3
2	7	6	1	9	3	8	4	5
8	1	5	4	7	9	3	2	6
9	2	3	8	5	6	4	7	1
4	6	7	2	3	1	5	8	9
3	8	2	5	1	7	9	6	4
7	9	4	3	6	8	1	5	2
6	5	1	9	2	4	7	3	8

		8		4				
4	3		8			5	7	
					3		9	
			1	2			6	
3		1	7		9	4		2
	2			6	8			
	8		5					
	4	5			1		3	9
				9		7		

6	7	8	9	4	5	1	2	3
4	3	9	8	1	2	5	7	6
1	5	2	6	7	3	8	9	4
8	9	7	1	2	4	3	6	5
3	6	1	7	5	9	4	8	2
5	2	4	3	6	8	9	1	7
9	8	6	5	3	7	2	4	1
7	4	5	2	8	1	6	3	9
2	1	3	4	9	6	7	5	8

2	7		5				6	
9			6		1		5	4
						1		
		5		9	2		3	
8				6				5
	9		4	3		2		
		2						
7	5		9		8			3
	8				3		7	6

2	7	1	5	8	4	3	6	9
9	3	8	6	2	1	7	5	4
5	6	4	3	7	9	1	8	2
4	1	5	8	9	2	6	3	7
8	2	3	1	6	7	9	4	5
6	9	7	4	3	5	2	1	8
3	4	2	7	5	6	8	9	1
7	5	6	9	1	8	4	2	3
1	8	9	2	4	3	5	7	6

5	2				6			
			3				5	
	8	4		5		6	3	
4						5	6	9
		9		4		3		
8	6	1						4
	1	5		9		7	8	
	9				3			
			8				2	5

5	2	3	4	1	6	8	9	7
9	7	6	3	2	8	4	5	1
1	8	4	7	5	9	6	3	2
4	3	2	1	8	7	5	6	9
7	5	9	6	4	2	3	1	8
8	6	1	9	3	5	2	7	4
6	1	5	2	9	4	7	8	3
2	9	8	5	7	3	1	4	6
3	4	7	8	6	1	9	2	5

9 x 9

EASY

	4							
	6	1	8				2	
			9	7			6	4
6				1	9		7	5
		4				2		
9	8		2	5				1
1	9			6	4			
	7				2	4	3	
							5	

7	4	9	3	2	6	5	1	8
3	6	1	8	4	5	9	2	7
2	5	8	9	7	1	3	6	4
6	3	2	4	1	9	8	7	5
5	1	4	6	8	7	2	9	3
9	8	7	2	5	3	6	4	1
1	9	3	5	6	4	7	8	2
8	7	5	1	9	2	4	3	6
4	2	6	7	3	8	1	5	9

6	2	9			3			
				5		6		1
5				7				
1	7				8			6
9			4		1			5
4			7				3	2
				4				7
8		6		2				
			1			4	6	3

6	2	9	8	1	3	7	5	4
7	8	3	9	5	4	6	2	1
5	1	4	6	7	2	3	9	8
1	7	5	2	3	8	9	4	6
9	3	2	4	6	1	8	7	5
4	6	8	7	9	5	1	3	2
3	9	1	5	4	6	2	8	7
8	4	6	3	2	7	5	1	9
2	5	7	1	8	9	4	6	3

		9						
8	3		1	5	9			
6		4			2		7	
4		8				2		
	5		7		6		3	
		1				9		7
	9		4			1		5
			9	3	5		2	4
						3		

5	2	9	6	7	4	8	1	3
8	3	7	1	5	9	6	4	2
6	1	4	3	8	2	5	7	9
4	7	8	5	9	3	2	6	1
9	5	2	7	1	6	4	3	8
3	6	1	2	4	8	9	5	7
2	9	3	4	6	7	1	8	5
1	8	6	9	3	5	7	2	4
7	4	5	8	2	1	3	9	6

		9		6	1	2	4	3
	3							
		4	9	2				8
			1				6	5
	4			3			9	
9	1				8			
2				9	5	6		
							8	
3	6	7	4	8		5		

8	7	9	5	6	1	2	4	3
1	3	2	8	7	4	9	5	6
6	5	4	9	2	3	1	7	8
7	2	8	1	4	9	3	6	5
5	4	6	2	3	7	8	9	1
9	1	3	6	5	8	4	2	7
2	8	1	7	9	5	6	3	4
4	9	5	3	1	6	7	8	2
3	6	7	4	8	2	5	1	9

	4				9	6		1
5	8	1						4
	6			2				
4					6	8	9	
8								2
	2	9	8					7
				4			1	
3						7	8	5
6		2	1				3	

2	4	3	5	8	9	6	7	1
5	8	1	7	6	3	9	2	4
9	6	7	4	2	1	3	5	8
4	7	5	2	1	6	8	9	3
8	3	6	9	5	7	1	4	2
1	2	9	8	3	4	5	6	7
7	9	8	3	4	5	2	1	6
3	1	4	6	9	2	7	8	5
6	5	2	1	7	8	4	3	9

			6	5	3			
		5						3
3		7			8	1		6
	2		5	8				
	1	4		7		9	8	
				6	9		4	
8		6	7			3		4
2						5		
			9	3	5			

1	8	2	6	5	3	4	7	9
9	6	5	4	1	7	8	2	3
3	4	7	2	9	8	1	5	6
7	2	9	5	8	4	6	3	1
6	1	4	3	7	2	9	8	5
5	3	8	1	6	9	7	4	2
8	5	6	7	2	1	3	9	4
2	9	3	8	4	6	5	1	7
4	7	1	9	3	5	2	6	8

2			8	6				9
		4			3			
3			2				6	7
		6			9		7	1
		5		2		3		
9	7		4			5		
7	8				4			5
			5			9		
5				8	6			2

2	5	7	8	6	1	4	3	9
1	6	4	7	9	3	2	5	8
3	9	8	2	4	5	1	6	7
4	2	6	3	5	9	8	7	1
8	1	5	6	2	7	3	9	4
9	7	3	4	1	8	5	2	6
7	8	2	9	3	4	6	1	5
6	4	1	5	7	2	9	8	3
5	3	9	1	8	6	7	4	2

4			3	9			7	8
1			5		8		6	
		6					9	
		9		3	7			5
				1				
5			6	2		3		
	2					7		
	3		7		4			1
8	4			5	2			9

4	5	2	3	9	6	1	7	8
1	9	3	5	7	8	4	6	2
7	8	6	2	4	1	5	9	3
2	6	9	4	3	7	8	1	5
3	7	4	8	1	5	9	2	6
5	1	8	6	2	9	3	4	7
6	2	1	9	8	3	7	5	4
9	3	5	7	6	4	2	8	1
8	4	7	1	5	2	6	3	9

			4	2			7	3
1	4							8
		5	6					
8	7			5		3		9
			2		6			
4		1		8			6	7
					3	8		
3							9	5
9	5			4	1			

6	8	9	4	2	5	1	7	3
1	4	2	9	3	7	6	5	8
7	3	5	6	1	8	9	4	2
8	7	6	1	5	4	3	2	9
5	9	3	2	7	6	4	8	1
4	2	1	3	8	9	5	6	7
2	6	7	5	9	3	8	1	4
3	1	4	8	6	2	7	9	5
9	5	8	7	4	1	2	3	6

3			4		9		8	1
				6				
		1	2					
4	9	2			7		6	
1		8		2		4		9
	6		9			5	1	2
					8	1		
				4				
5	7		6		3			4

3	2	5	4	7	9	6	8	1
9	4	7	8	6	1	2	3	5
6	8	1	2	3	5	9	4	7
4	9	2	1	5	7	3	6	8
1	5	8	3	2	6	4	7	9
7	6	3	9	8	4	5	1	2
2	3	4	7	9	8	1	5	6
8	1	6	5	4	2	7	9	3
5	7	9	6	1	3	8	2	4

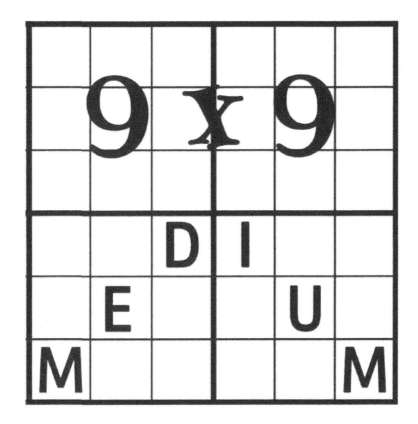

						5	8	
8	1					2	7	9
	9		2		8		4	
			9			7	5	
			8	3	7			
	4	9			2			
	8		5		3		2	
9	3	5					6	1
	7	2						

6	2	7	4	1	9	5	8	3
8	1	4	3	6	5	2	7	9
5	9	3	2	7	8	1	4	6
3	6	8	9	4	1	7	5	2
2	5	1	8	3	7	6	9	4
7	4	9	6	5	2	3	1	8
1	8	6	5	9	3	4	2	7
9	3	5	7	2	4	8	6	1
4	7	2	1	8	6	9	3	5

2	9	8	6					1
		7					5	
				4		7		8
		3	2					7
7		2		9		5		4
1					5	6		
5		6		1				
	7					8		
8					6	9	2	5

2	9	8	6	5	7	3	4	1
6	4	7	3	8	1	2	5	9
3	1	5	9	4	2	7	6	8
9	5	3	2	6	4	1	8	7
7	6	2	1	9	8	5	3	4
1	8	4	7	3	5	6	9	2
5	2	6	8	1	9	4	7	3
4	7	9	5	2	3	8	1	6
8	3	1	4	7	6	9	2	5

1		3		6				
8	7		4			5		
	2		5	8				1
5			6			2	1	
	1	6			2			5
4			7	9			5	
		5			4		6	9
				5		8		2

1	5	3	9	6	7	4	2	8
8	7	9	4	2	1	5	3	6
6	2	4	5	8	3	9	7	1
5	3	7	6	9	8	2	1	4
2	4	8	1	3	5	6	9	7
9	1	6	7	4	2	3	8	5
4	6	2	8	7	9	1	5	3
3	8	5	2	1	4	7	6	9
7	9	1	3	5	6	8	4	2

			7	6	3			9
					8	3	4	
				9	2	1	6	
2	3				4	8		
		1	8				3	5
	8	3	5	4				
	2	4	3					
6			2	8	9			

1	4	2	7	6	3	5	8	9
7	9	6	1	5	8	3	4	2
3	5	8	4	9	2	1	6	7
2	3	5	9	1	4	8	7	6
8	7	9	6	3	5	2	1	4
4	6	1	8	2	7	9	3	5
9	8	3	5	4	6	7	2	1
5	2	4	3	7	1	6	9	8
6	1	7	2	8	9	4	5	3

	7						8	
	9	8	4		6		3	2
3		2		7				
	1			2			9	
6								1
	8			9			6	
				5		3		4
2	5		9		3	6	7	
	3						1	

1	7	6	2	3	5	4	8	9
5	9	8	4	1	6	7	3	2
3	4	2	8	7	9	1	5	6
7	1	5	6	2	4	8	9	3
6	2	9	3	8	7	5	4	1
4	8	3	5	9	1	2	6	7
9	6	7	1	5	8	3	2	4
2	5	1	9	4	3	6	7	8
8	3	4	7	6	2	9	1	5

6			7	3	2			
	8		1			3	7	
	1							5
			8	5	7			
5	7						6	2
			2	1	6			
9							4	
	4	1			8		5	
			5	9	4			6

6	5	4	7	3	2	8	9	1
2	8	9	1	6	5	3	7	4
3	1	7	4	8	9	6	2	5
1	2	6	8	5	7	4	3	9
5	7	8	9	4	3	1	6	2
4	9	3	2	1	6	5	8	7
9	6	5	3	7	1	2	4	8
7	4	1	6	2	8	9	5	3
8	3	2	5	9	4	7	1	6

9	7				1	3	5	
	4						9	
			9	5				6
	8				3	5		
		1	5		9	7		
		9	6				4	
8				7	6			
	1						3	
	6	7	4				8	5

9	7	8	2	6	1	3	5	4
5	4	6	7	3	8	2	9	1
1	2	3	9	5	4	8	7	6
7	8	4	1	2	3	5	6	9
6	3	1	5	4	9	7	2	8
2	5	9	6	8	7	1	4	3
8	9	5	3	7	6	4	1	2
4	1	2	8	9	5	6	3	7
3	6	7	4	1	2	9	8	5

2		9		4	5			8
7		4					2	1
		3						
9	5				8			3
			4		3			
3			1				8	7
						7		
4	3					8		5
8			3	7		1		2

2	1	9	6	4	5	3	7	8
7	6	4	8	3	9	5	2	1
5	8	3	2	1	7	6	9	4
9	5	2	7	6	8	4	1	3
1	7	8	4	9	3	2	5	6
3	4	6	1	5	2	9	8	7
6	2	1	5	8	4	7	3	9
4	3	7	9	2	1	8	6	5
8	9	5	3	7	6	1	4	2

8	2					5	7	
			7	1				
4				2			9	
1				9	3		6	4
		7				2		
3	6		2	7				9
	1			6				7
				4	5			
	9	3					4	5

8	2	9	4	3	6	5	7	1
6	3	5	7	1	9	4	2	8
4	7	1	5	2	8	3	9	6
1	5	2	8	9	3	7	6	4
9	4	7	6	5	1	2	8	3
3	6	8	2	7	4	1	5	9
5	1	4	9	6	2	8	3	7
7	8	6	3	4	5	9	1	2
2	9	3	1	8	7	6	4	5

			7			2	9	
						8		1
1			6			4		3
8		6		9	1			7
4				7				6
2			3	6		1		9
9		3			6			8
6		5						
	1	8			9			

3	6	4	7	1	8	2	9	5
5	7	2	9	4	3	8	6	1
1	8	9	6	5	2	4	7	3
8	3	6	2	9	1	5	4	7
4	9	1	8	7	5	3	2	6
2	5	7	3	6	4	1	8	9
9	4	3	5	2	6	7	1	8
6	2	5	1	8	7	9	3	4
7	1	8	4	3	9	6	5	2

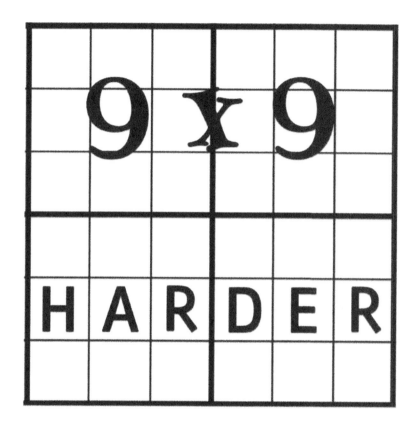

6				4	2	1		
	9		1	5	8			
					6		8	
	1	9			5		3	
7								5
	2		4			6	1	
	5		2					
			5	1	4		9	
		1	6	3				8

6	8	7	3	4	2	1	5	9
2	9	4	1	5	8	7	6	3
1	3	5	9	7	6	2	8	4
4	1	9	7	6	5	8	3	2
7	6	3	8	2	1	9	4	5
5	2	8	4	9	3	6	1	7
3	5	6	2	8	9	4	7	1
8	7	2	5	1	4	3	9	6
9	4	1	6	3	7	5	2	8

	2	6	5			4		
	8		6				5	
		1		4			6	
8			3					
	1	3	2		4	5	7	
					7			8
	3			9		7		
	6				2		9	
		4			5	3	1	

3	2	6	5	1	9	4	8	7
4	8	7	6	2	3	9	5	1
9	5	1	7	4	8	2	6	3
8	7	9	3	5	1	6	4	2
6	1	3	2	8	4	5	7	9
5	4	2	9	6	7	1	3	8
1	3	8	4	9	6	7	2	5
7	6	5	1	3	2	8	9	4
2	9	4	8	7	5	3	1	6

							2	7
		1			3			5
	2		6	5	9	8		
				1	5		4	
	5	9	4	2		6		
	4		3	6				
		4	5	9	6		8	
9			4			1		
5	7							

6	5	3	1	8	4	9	2	7
8	9	1	2	7	3	4	6	5
4	2	7	6	5	9	8	1	3
3	6	8	7	1	5	2	4	9
7	1	5	9	4	2	6	3	8
2	4	9	3	6	8	5	7	1
1	3	4	5	9	6	7	8	2
9	8	2	4	3	7	1	5	6
5	7	6	8	2	1	3	9	4

9					8			
2		3	4				6	7
	7		3				9	1
	4			6				
	9	1				6	5	
				1			7	
1	3				5		4	
7	8				4	9		6
			7					3

9	1	4	6	7	8	2	3	5
2	5	3	4	9	1	8	6	7
6	7	8	3	5	2	4	9	1
5	4	7	2	6	3	1	8	9
3	9	1	8	4	7	6	5	2
8	6	2	5	1	9	3	7	4
1	3	6	9	2	5	7	4	8
7	8	5	1	3	4	9	2	6
4	2	9	7	8	6	5	1	3

	9		7		6	4		2
			1					7
5				2				
	6	9	5	1				
		3	4		9	5		
				3	2	7	9	
				4				5
6					3			
8		1	2		5		4	

1	9	8	7	5	6	4	3	2
3	2	6	1	9	4	8	5	7
5	4	7	3	2	8	1	6	9
2	6	9	5	1	7	3	8	4
7	1	3	4	8	9	5	2	6
4	8	5	6	3	2	7	9	1
9	3	2	8	4	1	6	7	5
6	5	4	9	7	3	2	1	8
8	7	1	2	6	5	9	4	3

					4	2		
		4	2	8			5	1
			5				4	
9	1	8			5			
2			9		7			4
			8			9	1	5
	2				8			
8	7			4	2	1		
		6	3					

5	8	1	7	3	4	2	6	9
7	9	4	2	8	6	3	5	1
6	3	2	5	9	1	8	4	7
9	1	8	4	6	5	7	3	2
2	5	3	9	1	7	6	8	4
4	6	7	8	2	3	9	1	5
3	2	9	1	5	8	4	7	6
8	7	5	6	4	2	1	9	3
1	4	6	3	7	9	5	2	8

9		3	7		8	6		2
7				6				
		8					7	
6		9	2	8				
	8						1	
				7	4	8		5
	3					9		
				9				4
1		6	8		5	7		3

9	1	3	7	5	8	6	4	2
7	4	5	9	6	2	3	8	1
2	6	8	4	1	3	5	7	9
6	5	9	2	8	1	4	3	7
4	8	7	5	3	9	2	1	6
3	2	1	6	7	4	8	9	5
5	3	4	1	2	7	9	6	8
8	7	2	3	9	6	1	5	4
1	9	6	8	4	5	7	2	3

			3		5	1	6	
			9		6			
6		4	2					8
1	4	8				2		3
3		5				6	4	7
4					2	3		5
			6		4			
	7	1	5		8			

7	2	9	3	8	5	1	6	4
8	1	3	9	4	6	5	7	2
6	5	4	2	1	7	9	3	8
1	4	8	7	6	9	2	5	3
2	6	7	4	5	3	8	1	9
3	9	5	8	2	1	6	4	7
4	8	6	1	7	2	3	9	5
5	3	2	6	9	4	7	8	1
9	7	1	5	3	8	4	2	6

	7							1
	1	8		5	4			
2	3						4	
5		6	7	8	3			
			6	2	9			
			5	4	1	6		8
	4						6	2
			4	6		1	9	
7							3	

4	7	5	9	3	6	2	8	1
6	1	8	2	5	4	3	7	9
2	3	9	8	1	7	5	4	6
5	2	6	7	8	3	9	1	4
1	8	4	6	2	9	7	5	3
3	9	7	5	4	1	6	2	8
9	4	1	3	7	5	8	6	2
8	5	3	4	6	2	1	9	7
7	6	2	1	9	8	4	3	5

	5		7		9			3
3	7	8						
		9			5			7
		2	6					9
6			9		4			8
5					7	3		
1			5			8		
						5	7	1
7			1		6		3	

4	5	6	7	1	9	2	8	3
3	7	8	4	6	2	9	1	5
2	1	9	3	8	5	6	4	7
8	4	2	6	3	1	7	5	9
6	3	7	9	5	4	1	2	8
5	9	1	8	2	7	3	6	4
1	2	4	5	7	3	8	9	6
9	6	3	2	4	8	5	7	1
7	8	5	1	9	6	4	3	2

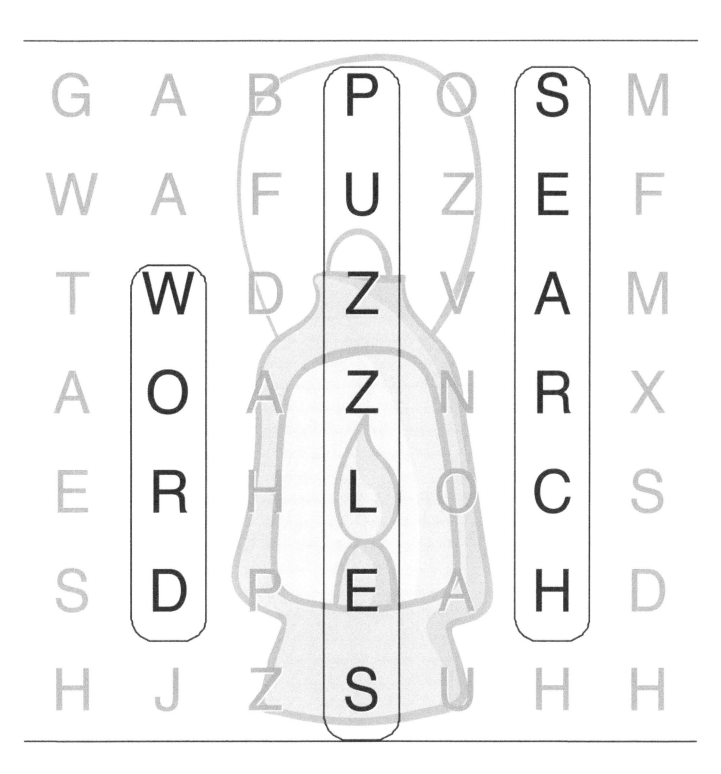

ALL ABOUT CAMPING #1

```
M M D J T T U U T G Y A M V G I Z T N C C C
L E Q U I P M E N T R J Z H N Z T N Q H O C
J Y F Z G X G F C M P P I P I R U E F M M A
T S E R O F W A N H Y G K T H L O L Q V P M
O O H T V E N E F A J R U A S Z G L R P A P
H D Q M D O E H G E A H A L I J U E H R S E
C Q P M E R I A S M P N F A F W D P E O S R
X A G G G K F T A T I T N K P D D E T G Q S
T U M R E U D D M O E S E Y O Z R E Q W B
Z X E P I G V S A T E O Z U O G Q T B N I E
A V Q O G E S L C T A K B F K D E C Z J P D
E R O E N R S U N L X S D G E Y H E Z K D N
T M N T P T O A B I D E V O N U M S B P A Y
T B U B C B C U C B T C W K N I O N B R Y J
H R M E H V O C N A R P C T B P K I T E P D
E M S I P E A O R D Y R I A Z C C I F G A N
J N W U L B H D T L L N C T M A O Q H K C A
I C H J I C Y A E S G K I J W P M G S A K V
P M H N G H K T T N P T K J H N M H E Y W A
K I U M E S M E M A D U Y W C V A D A A R R
M E W D R R S J C Y N Q S E U C H M B K R A
K N A P S A C K P I O F L A S H L I G H T C
```

adventure	animals	backpack	boots	cabin
camp	camper	campground	canoe	canteen
cap	caravan	climb	compass	day pack
dehydrated food	dugout	equipment	evergreen	fishing
flashlight	forest	gear	gorp	hammock
hat	hike	hiking boots	hunting	hut
insect	insect repellent	kayak	knapsack	lake

ALL ABOUT CAMPING #1

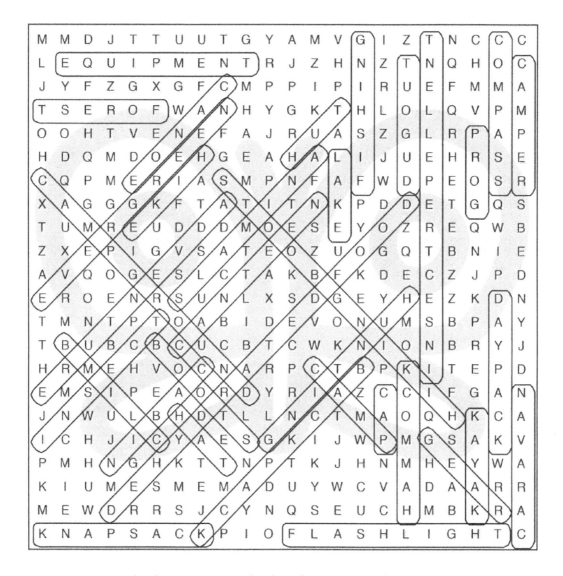

M	M	D	J	T	T	U	U	T	G	Y	A	M	V	G	I	Z	T	N	C	C	C
L	E	Q	U	I	P	M	E	N	T	R	J	Z	H	N	Z	T	N	Q	H	O	C
J	Y	F	Z	G	X	G	F	C	M	P	P	I	P	I	R	U	E	F	M	M	A
T	S	E	R	O	F	W	A	N	H	Y	G	K	T	H	O	L	Q	V	P	M	M
O	O	H	T	V	E	N	E	F	A	J	R	U	A	S	Z	G	L	R	P	A	P
H	D	Q	M	D	O	E	H	G	E	A	H	A	L	I	J	U	E	H	R	S	E
C	Q	P	M	E	R	I	A	S	M	P	N	F	A	F	W	D	P	E	O	S	R
X	A	G	G	K	F	T	A	T	I	T	N	K	P	D	D	E	T	G	Q	W	B
T	U	M	R	E	U	D	D	D	M	O	E	S	E	Y	O	Z	R	E	Q	W	E
Z	X	E	P	I	G	V	S	A	T	E	O	Z	U	O	G	Q	T	B	N	I	E
A	V	Q	O	G	E	S	L	C	T	A	K	B	F	K	D	E	C	Z	J	P	D
E	R	O	E	N	R	S	U	N	L	X	S	D	G	E	Y	H	E	Z	K	D	N
T	M	N	T	P	T	O	A	B	I	D	E	V	O	N	U	M	S	B	P	A	Y
T	B	U	B	C	B	C	U	C	B	T	C	W	K	N	I	O	N	B	R	Y	J
H	R	M	E	H	V	O	C	N	A	R	P	C	T	B	P	K	I	T	E	P	D
E	M	S	I	P	E	A	O	R	D	Y	R	I	A	Z	C	C	I	F	G	A	N
J	N	W	U	L	B	H	D	T	L	L	N	C	T	M	A	O	Q	H	K	C	A
I	C	H	J	I	C	Y	A	E	S	G	K	I	J	W	P	M	G	S	A	K	V
P	M	H	N	G	H	K	T	T	N	P	T	K	J	H	N	M	H	E	Y	W	A
K	I	U	M	E	S	M	E	M	A	D	U	Y	W	C	V	A	D	A	A	R	R
M	E	W	D	R	R	S	J	C	Y	N	Q	S	E	U	C	H	M	B	K	R	A
K	N	A	P	S	A	C	K	P	I	O	F	L	A	S	H	L	I	G	H	T	C

adventure	animals	backpack	boots	cabin
camp	camper	campground	canoe	canteen
cap	caravan	climb	compass	day pack
dehydrated food	dugout	equipment	evergreen	fishing
flashlight	forest	gear	gorp	hammock
hat	hike	hiking boots	hunting	hut
insect	insect repellent	kayak	knapsack	lake

ALL ABOUT CAMPING #2

```
R E L I A R T P R N G S Z G W Y D E F D K D
N I H I Q F B E V O J M N Z A U N L Q S S Q
H C N T B B N K L N P Y E H T R I L R Y R X
S G G U A V H B N H A C E Z E S R A O I O B
W N U E Y P Q V C P D L R P R J T F S J O H
L Y I L X R F I Z J D M C R B S L R R W D C
U F M A J I E E W V L X S A O V F E I A T K
I U U H T Q M N P A E J N T T E N T N L U Z
K G H K W N Z L E A S W U N T E F A R K O Q
V C S L K S U H I C E E S H L R T W J I S I
S U E J G J K O G A S V C S E U M U S N Q T
C X E L S A Q D M L R N C T R T A P A G S M
Y W R J U W P O I J P T K A C A V T S E F O
W I T W N F U A F U L R L T Z N I Y V R M J
U E X C D T R Y P F A L S E A O D M S K U F
F K Y K S T L T G P X V B P N L P Q N G I D
Y A K I S L E E P I N G B A G N A A M Z C S
R L D A N N Z Q H M P C L R B O P N C V K Q
R E H G T X U H A P E P W K M S J T T K U M
K A Y A K J S P E I A F C S A O Z G P E M A
Y T F E H S E P O R J P Q C F J O S D I R Y
A V S F E P O Q K T Z Q K B W C C N O D M N
```

kayak	knapsack	lake	lantern	map	moon	mountains
national park	natural	nature	oars	outdoors	outside	paddles
park	path	pup tent	rope	scenery	sleeping bag	stars
state parks	sun	sunscreen	tarp	tent	trails	trail mix
trailer	trees	trip	vest	walking	water bottle	waterfall

ALL ABOUT CAMPING #2

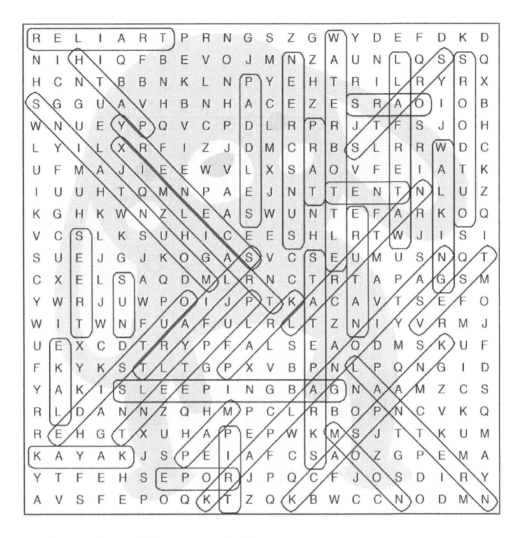

kayak	knapsack	lake	lantern	map	moon	mountains
national park	natural	nature	oars	outdoors	outside	paddles
park	path	pup tent	rope	scenery	sleeping bag	stars
state parks	sun	sunscreen	tarp	tent	trails	trail mix
trailer	trees	trip	vest	walking	water bottle	waterfall

ALL ABOUT CAMPING #3

```
D  P  Q  J  S  B  O  Y  J  Q  B  U  D  G  E  T  R  O  H  U  C  M
A  C  N  Z  V  R  Q  D  E  Y  Q  A  P  K  C  A  P  K  C  A  B  G
Q  B  O  O  T  S  H  M  I  B  E  S  S  B  L  A  N  K  E  T  K  T
U  J  R  S  G  U  B  A  R  E  L  F  T  P  T  X  I  Z  A  T  V
Q  T  O  S  E  C  R  I  A  R  E  R  K  V  O  S  D  V  E  P  D  G
S  P  L  A  O  H  T  S  O  A  J  C  I  E  E  N  S  S  I  W  N  B
H  I  A  P  N  I  E  H  U  E  X  P  T  S  M  L  I  H  E  B  E  I
U  C  Q  M  A  L  C  P  O  T  C  J  E  I  A  N  S  S  C  F  T  N
F  N  A  O  C  D  J  I  O  A  E  I  I  M  O  N  J  A  H  R  T  O
Z  E  V  C  M  R  N  C  T  T  I  N  O  N  M  U  X  U  A  C
Y  E  I  W  D  E  J  D  P  I  F  N  I  I  Y  P  S  E  L  C  P  U
F  T  I  S  F  N  L  L  V  N  A  C  N  S  F  A  T  B  N  H  J  L
B  N  T  V  P  E  W  I  H  U  Z  A  I  I  P  A  R  K  H  I  E  A
E  A  U  J  P  K  T  X  Q  M  P  P  R  C  U  M  L  P  S  A  K  R
R  C  S  R  K  C  W  Y  I  M  A  E  O  G  F  D  A  D  S  D  I  S
U  E  L  W  A  O  D  D  O  O  D  T  U  Z  N  J  I  C  M  G  B  A
D  G  C  Z  J  P  R  C  C  S  S  D  A  Y  T  R  I  P  T  U  I
N  E  R  U  T  R  A  P  E  D  T  S  R  E  H  T  O  R  B  D  T  B
E  H  W  L  A  L  E  R  T  G  R  F  T  J  L  C  M  S  P  O  P  W
X  G  W  D  O  O  F  D  E  I  R  D  G  E  C  N  A  R  U  D  N  E
Q  P  Z  R  I  A  H  C  N  E  D  I  S  Y  R  T  N  U  O  C  E  W
U  Y  R  E  V  O  C  S  I  D  J  V  H  P  R  R  Q  W  R  U  E  F
```

activities	alert	animals	astonish	attend	August
backpack	bait	bike	binoculars	blanket	boots
brothers	budget	bug spray	bugs	campfire	campsite
candle	canoe	canteen	chair	children	chores
communicate	companionship	compass	cots	countryside	day trip
departure	directions	discovery	dried food	endurance	endure

ALL ABOUT CAMPING #3

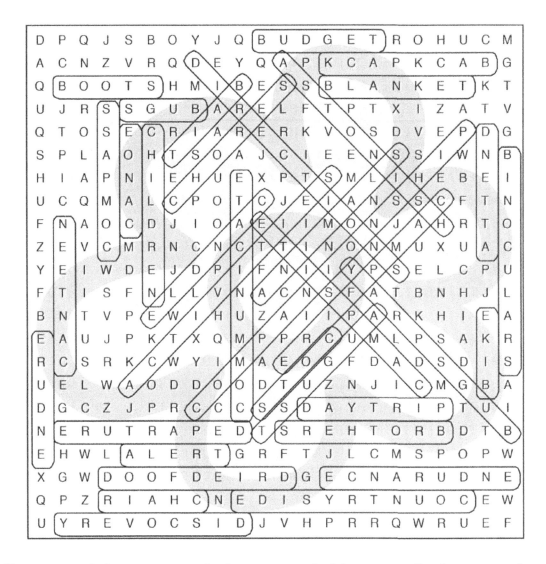

activities	alert	animals	astonish	attend	August
backpack	bait	bike	binoculars	blanket	boots
brothers	budget	bug spray	bugs	campfire	campsite
candle	canoe	canteen	chair	children	chores
communicate	companionship	compass	cots	countryside	day trip
departure	directions	discovery	dried food	endurance	endure

ALL ABOUT CAMPING #4

```
K N V C K G D D C B M U I E N P U A W Y O S
H H L E V H A P P Y T S Q H H M N X E O D N
T Q C G Q M R T E C N E I R E P X E Z O I O
J L B S T U E N H X O U G P Y W H V R G Q I
D A L G E N I W V E J Y H N S V B G R C G T
I K X E P P J P D O R K H E K B N O Z B R A
R G Q G R S I I M G V X F Z F I U C T Z O T
E E H G G Q U R A E Q F V A H P M A K D W C
S O S E J G I M G L N P L S S S K O O J T E
I G E A Y A E Y M M T T I A G M E O W Q H P
C R I R N S N P Y K J F M R S N G R J Q P X
R A L T O M F I F E P U O D J H O Q A Z D E
E P F D P D E H D V K S G L R E L W Q S O U
X H S E E F T S O H S N P X F A M I L I E S
E Y T U U A N D O W I W I V C D W F G S Z P
R D L W E D B N F H C A B T D W H C L H R W
G E C R P F B E S S O S D G A B Z L W X T I
U I G E X V H I K Q S S D N E I R F Q H N E
O G M A G U F R A H K A U E T G R I A F K D
A X U A W M C F G I U F R U W F F T P J A C
C Q G O R G E O U S H B Z G W B H E A T X Q
D H P R L T F F O F O O G E X P E N S E U R
```

equipment	exercise	expectations	expense	experience	families	fees
fishing	fishing rods	flashlight	flies	food	friends	friendship
fun	gab	games	gather	gear	geography	glad
good	goof off	gorgeous	GPS	grass	great	gripes
gross	groups	growth	guide	happy	hat	heat

ALL ABOUT CAMPING #4

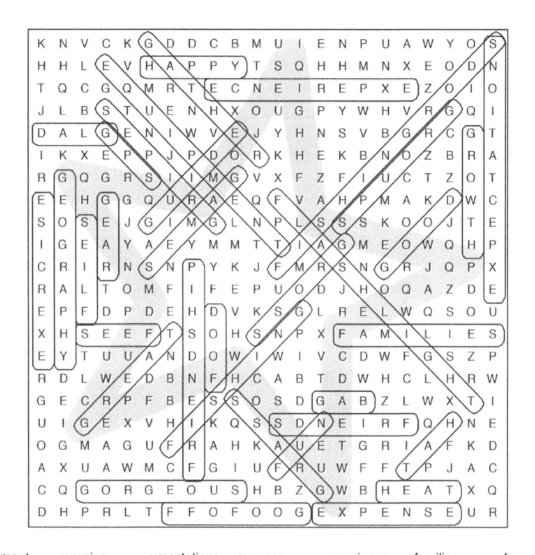

| K N V C K G D D C B M U I E N P U A W Y O S |
| H H L E V H A P P Y T S Q H H M N X E O N |
| T Q C G Q M R T E C N E I R E P X E Z O I O |
| J L B S T U E N H X O U G P Y W H V R G Q I |
| D A L G E N I W V E J Y H N S V B G R C G T |
| I K X E P P J P D O R K H E K B N O Z B R A |
| R G Q G R S I I M G V X F Z I U C T Z O T |
| E E H G G Q U R A E Q F V A H P M A K D W C |
| S O E S J G I M G L N P L S S K O O J T E |
| I G E A Y A E Y M M T T I A G M E O W Q H P |
| C R I R N S N P Y K J F M R S N G R J Q P X |
| R A L T O M F I F E P U O D J H O Q A Z D E |
| E P F D P D E H D V K S G L R E L W Q S O U |
| X H S E E F T S O H S N P X F A M I L I E S |
| E Y T U U A N D O W I W I V C D W F G S Z P |
| R D L W E D B N F H C A B T D W H C L H R W |
| G E C R P F B E S S O S D G A B Z L W X T I |
| U I G E X V H I K Q S S D N E I R F Q H N E |
| O G M A G U F R A H K A U E T G R I A F K D |
| A X U A W M C F G I U F R U W F F T P J A C |
| C Q G O R G E O U S H B Z G W B H E A T X Q |
| D H P R L T F F O F O O G E X P E N S E U R |

equipment	exercise	expectations	expense	experience	families	fees
fishing	fishing rods	flashlight	flies	food	friends	friendship
fun	gab	games	gather	gear	geography	glad
good	goof off	gorgeous	GPS	grass	great	gripes
gross	groups	growth	guide	happy	hat	heat

ALL ABOUT CAMPING #5

```
E E M W T B M M Y O O S F O G N I L D N I K
E A D J G A X A Q N R G T F U W T A C E S E
C Q O W Y B K E T G E H I H T T G J L Y C F
Y D U R Q N Z M M C Y D O A G U S I R E L K
G H I I E I R R A Z H P V L H I K I Y J H R
K V R E N E Y Q O P K E R S O E N V D L X O
D B D A B L G M X A S E S J A N S R H E R S
E S G R R S O P E N M I N D E D T C E I U M
O R G N I T S A L G N O L E A D E R E V V Y
O C Q E Z D Y Z A K U N W N R E T N A L O S
O Y K G O P E N A I R J S P K O T Q N R N B
B G N D G S P B E Q A W L I L A M A F I W S
W L A E H H G S S L O R D O T Z T N A X T Z
H O P L U T B H T L C S O I P U P T S S J U
U C S W M B B J L C V B O U R T N E E T L I
M A A O O A L A A S E N L E T U I R M K I K
I T C N R W M P U J N S P Q O D E O R C G K
D I K K J H U S G T T H N M H T O O N U H Y
I O N G S F J Z H Z I O E I N Y F O U S T Y
T N H R E U U E T K Z N R I G N I N R A E L
Y E A E L U N O E A U O M E S S K I T S R Y
H M I Y M C D G R J E F I N K N N X F Q R O
```

hike	humidity	humor	insects	interests	July
June	kids	kindling	kits	knapsack	knife
knowledge	lantern	laughter	leader	learning	lighter
like	location	long-lasting	maps	marshmallows	matches
mess kit	mountains	nature	needs	open air	open minded
options	organize	orientation	outdoors	outside	overnights

ALL ABOUT CAMPING #5

```
E E M W T B M M Y O O S F O G N I L D N I K
E A D J G A X A Q N R G T F U W T A C E S E
C Q O W Y B K E T G E H I H T T G J L Y C F
Y D U R Q N Z M M C Y D O A G U S I R E L K
G H I I E I R R A Z H P V L H I K I J H R
K V R E N E Y Q O P K E R S O E N V D L X O
D B D A B L G M X A S E S J A N S R H E R S
E S G R R S O P E N M I N D E D T C E I U M
O R G N I T S A L G N O L E A D E R E V V Y
O C Q E Z D Y Z A K U N W N R E T N A L O S
O Y K G O P E N A I R J S P K O T Q N R N B
B G N D G S P B E Q A W L I L A M A F I W S
W L A E H G S S L O R D O T Z T N A X T Z
H O P L U T B H T L C S O I P U P T S S J U
U C S W M B B J L C V B O U R T N E E T L I
M A A O O A L A A S E N L E T U I R M K I K
I T C N R W M P U J N S P Q O D E O R C G K
D I K K J H U S G T T H N M H T O O N U H Y
I O N G S F J Z H Z I O E I N Y F O U S T Y
T N H R E U U E T K Z N R I G N I N R A E L
Y E A E L U N O E A U O M E S S K I T S R Y
H M I Y M C D G R J E F I N K N N X F Q R O
```

hike	humidity	humor	insects	interests	July
June	kids	kindling	kits	knapsack	knife
knowledge	lantern	laughter	leader	learning	lighter
like	location	long-lasting	maps	marshmallows	matches
mess kit	mountains	nature	needs	open air	open minded
options	organize	orientation	outdoors	outside	overnights

ALL ABOUT CAMPING #6

```
S L E D X N M H V R E T J E B F Y U X N T O
P E H W T V U O N N M J Q D R P G D X R I F
L Y L I K M Q R O I N E S A F N N L K N O V
E K G U N H C R A E S E R O I R O U T I N E
V X F E R Y I C M H G A V Y O X B I S G G S
O M Z Y E S O A Q U P E A J S H A R I N G R
K R E T U R N W L H R L E N A L P D A Q H U
S T N E R A P X W S P V T C Y J A K N B N O
E B E I J J O R I R A D I O C U P E A C E H
G T E D A F R G A R E V E L A T I O N R X T
A N O O N R H R P L P J N R U H S J M P L E
W L I M C T A L E L W E O Y I T R C F E M I
R R H T E K U Y A G C K N L E E L L T F S U
D F O N S R T N B A U O F R C V P S M E S Q
N M S P S E N F P G I L C N R V E A L P U S
F I F F E I R D Q T N E A E S U Q U W E E A
T L C K N S X X A D S I G T Q E D W S W N F
T E L G A O N R I V K N L K I E A T X C L E
R L N S M L A U Q Y A X G I H O I R G Z P T
E T U O R P D U M R M T F C A O N W C J I Y
U S L N E E F H X G X I S Q N S G S D H X W
U R Z S M K A K Y R P G N S N Z B L I Z Z T
```

oversight	pace	parents	peace	plane	planning	playing	qualms
quest	questions	quiet hours	radio	rain	ranger	regulations	remote
research	resting	return	revelation	rope	route	routine	rules
safety	sailing	schedules	search	secrets	senior	separation	sharing

ALL ABOUT CAMPING #6

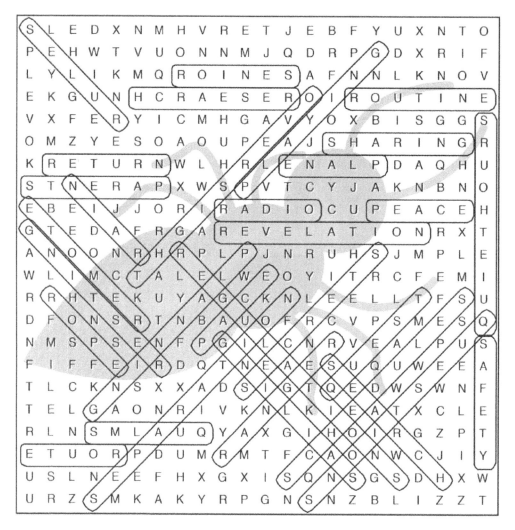

S L E D X N M H V R E T J E B F Y U X N T O
P E H W T V U O N N M J Q D R P G D X R I F
L Y L I K M Q R O I N E S A F N N L K N O V
E K G U N H C R A E S E R O I R O U T I N E
V X F E R Y I C M H G A V Y O X B I S G G S
O M Z Y E S O A U P E A J S H A R I N G R
K R E T U R N W L H R L E N A L P D A Q H U
S T N E R A P X W S P V T C Y J A K N B N O
E B E I J O R I R A D I O C U P E A C E H
G T E D A F R G A R E V E L A T I O N R X T
A N O O N R H R P L P J N R U H S J M P L E
W L I M C T A L E L W E O Y I T R C F E M I
R R H T E K U Y A G C K N L E E L L T F S U
D F O N S R T N B A U O F R C V P S M E S Q
N M S P S E N F P G I L C N R V E A L P U S
F I F F E I R D Q T N E A E S U Q U W E E A
T L C K N S X X A D S I G T Q E D W S W N F
T E L G A O N R I V K N L K I E A T X C L E
R L N S M L A U Q Y A X G I H O I R G Z P T
E T U O R P D U M R M T F C A O N W C J I Y
U S L N E E F H X G X I S Q N S G S D H X W
U R Z S M K A K Y R P G N S N Z B L I Z Z T

oversight   pace   parents   peace   plane   planning   playing   qualms
quest   questions   quiet hours   radio   rain   ranger   regulations   remote
research   resting   return   revelation rope   route   routine   rules
safety   sailing   schedules   search   secrets   senior   separation   sharing

ALL ABOUT CAMPING #7

```
D  S  L  E  E  P  I  N  G  B  A  G  S  O  M  B  E  K  A  T  R  G
R  A  T  H  W  W  S  L  I  A  R  T  U  Z  L  T  X  G  X  O  I  P
C  X  S  N  C  O  T  U  S  E  P  H  R  B  I  J  E  N  O  G  S  C
I  R  B  U  E  U  U  N  T  S  D  A  C  S  Y  P  K  I  T  E  C  H
C  I  T  F  N  T  H  E  O  P  K  S  E  E  A  V  P  K  R  T  O  L
J  T  J  V  F  S  Z  E  V  E  E  C  U  W  A  E  Q  L  R  H  R  P
P  W  O  T  M  X  E  N  E  I  E  L  S  C  S  D  N  A  A  E  T  X
V  S  M  O  G  I  Q  T  L  D  A  M  A  J  T  T  B  T  I  R  E  L
C  U  A  F  S  C  I  P  K  V  K  T  I  O  A  S  X  A  N  N  R  V
H  N  R  W  H  E  P  F  Q  W  I  E  S  T  M  U  C  V  I  E  R  D
Z  S  W  F  N  U  M  S  I  O  S  L  R  K  I  N  X  M  N  S  A  L
I  H  J  C  S  G  T  I  N  Q  L  Y  F  T  N  S  D  G  G  S  I  C
S  I  E  C  S  A  U  E  T  S  F  A  T  C  A  C  Q  N  O  U  N  Q
T  N  N  S  R  T  U  N  W  R  T  R  U  I  A  R  V  I  F  N  W  V
A  E  Z  S  I  Q  O  I  U  N  E  T  U  Q  R  E  G  H  Y  G  O  O
Y  M  T  W  I  R  M  R  L  S  K  M  I  M  E  E  F  C  R  L  W  H
U  L  S  N  N  M  N  F  I  O  U  G  M  M  H  N  D  A  D  A  P  G
N  C  U  P  I  N  R  U  P  E  N  A  R  U  I  G  U  E  C  S  D  E
I  Q  Y  N  O  K  E  I  S  H  S  V  L  G  S  N  C  T  M  S  C  N
T  S  G  S  U  R  I  P  C  P  V  B  J  B  L  G  G  Z  Y  E  O  S
Y  I  Z  Z  O  U  T  H  Z  V  V  N  G  S  U  M  M  E  R  S  F  B
M  G  N  H  V  I  K  S  X  J  S  R  E  T  S  I  S  I  J  B  N  U
```

sisters	site	sleeping bags	sports	stamina	stars
stay	stories	stove	summer	summertime	sunglasses
sunrise	sunset	sunscreen	sunshine	supplies	swap
swimming	talking	teaching	trraining	tents	terrain
time	timing	tired	togetherness	trails	trek
unequal	unique	unity	unusual	vacation	value

ALL ABOUT CAMPING #7

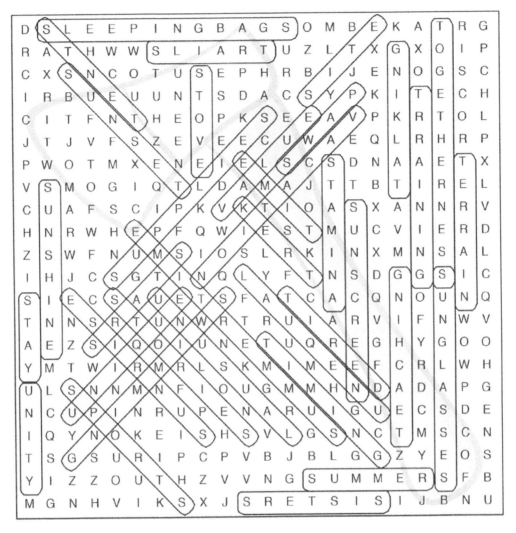

sisters	site	sleeping bags	sports	stamina	stars
stay	stories	stove	summer	summertime	sunglasses
sunrise	sunset	sunscreen	sunshine	supplies	swap
swimming	talking	teaching	trraining	tents	terrain
time	timing	tired	togetherness	trails	trek
unequal	unique	unity	unusual	vacation	value

ALL ABOUT CAMPING #8

```
W  B  V  K  M  G  D  Y  L  K  S  S  E  N  R  E  D  L  I  W  H  W
V  T  R  J  Y  Y  F  E  B  P  X  A  V  S  Z  E  T  Z  W  K  Z  A
C  Z  W  I  P  Y  I  A  E  P  W  P  S  T  E  K  C  A  J  O  H  T
S  Z  A  B  O  W  C  R  Z  H  N  I  J  C  S  T  X  O  N  J  F  E
L  L  M  P  N  Z  P  L  I  H  A  V  L  S  D  O  O  W  D  Z  X  R
A  R  E  S  A  I  F  Y  V  L  A  N  I  D  R  A  C  Z  B  O  E  N
O  G  H  F  C  O  D  A  T  Z  I  R  B  E  L  Y  U  A  S  N  V  B
C  B  C  F  H  D  L  I  P  G  E  V  H  E  F  I  C  I  P  E  A  J
R  R  A  I  T  U  M  N  V  U  N  T  W  U  A  K  F  P  Z  S  J  F
A  E  C  L  E  E  P  S  N  A  A  I  S  E  C  N  G  E  E  J  P  X
H  A  I  C  T  A  T  A  W  E  C  N  K  O  E  Y  B  P  V  M  M  F
C  T  U  E  U  R  S  N  W  B  X  A  U  C  O  K  L  O  V  Z  V  I
X  H  R  A  B  E  G  O  R  P  A  N  T  U  A  A  E  D  O  D  E  R
Q  A  B  F  A  T  N  R  S  K  T  Y  T  I  T  H  T  N  U  T  J  E
W  B  G  V  F  S  I  A  C  R  T  H  E  E  O  I  W  U  D  O  S  P
L  L  A  S  F  G  R  K  Y  N  W  L  M  W  I  N  G  H  G  C  C  I
S  E  B  M  L  N  A  B  P  A  P  B  L  A  Z  E  Q  J  S  Z  Z  T
K  S  R  J  E  U  E  L  L  Q  K  R  A  M  H  C  N  E  B  U  R  Y
K  H  A  Z  V  O  B  K  M  P  O  J  S  L  J  X  N  V  O  A  B  C
N  A  E  O  Q  Y  I  X  V  S  M  Z  E  A  L  Y  J  F  T  U  Q  O
M  C  B  U  T  N  V  K  K  C  A  T  K  C  A  B  S  B  H  J  P  Q
E  P  T  G  G  X  C  O  N  T  O  U  R  Y  O  R  U  D  R  O  C  X
```

vacation	value	walking	water	weather	weekend
wilderness	wildlife	woods	yearly	youngster	youth
zeal	zone	altimeter	anorak	backcountry	back tack
baffle	firepit	baseplate	bean boots	bear bag	bearings
bench mark	blaze	breathable	jackets	bushwhacking	cache
canopy	cardinal	charcoal	cliffs	contour	corduroy

ALL ABOUT CAMPING #8

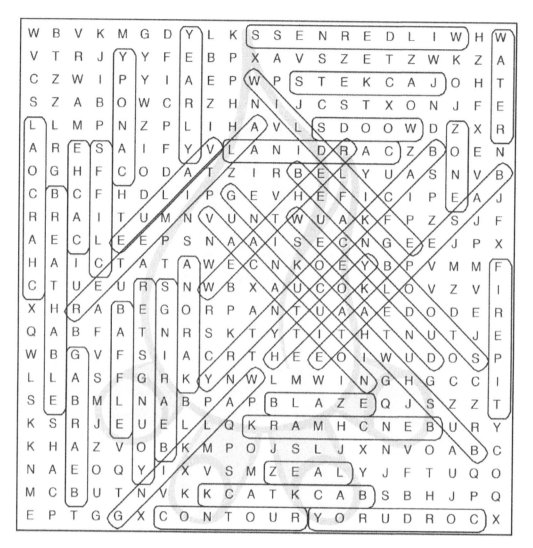

W	B	V	K	M	G	D	Y	L	K	S	S	E	N	R	E	D	L	I	W	H	W
V	T	R	J	Y	Y	F	E	B	P	X	A	V	S	Z	E	T	Z	W	K	Z	A
C	Z	W	I	P	Y	I	A	E	P	W	P	S	T	E	K	C	A	J	O	H	T
S	Z	A	B	O	W	C	R	Z	H	N	I	J	C	S	T	X	O	N	J	F	E
L	L	M	P	N	Z	P	L	I	H	A	V	L	S	D	O	O	W	D	Z	X	R
A	R	E	S	A	I	F	Y	V	L	A	N	I	D	R	A	C	Z	B	O	E	N
O	G	H	F	C	O	D	A	T	Z	I	R	B	E	L	Y	U	A	S	N	V	B
C	B	C	F	H	D	L	I	P	G	E	V	H	E	F	I	C	I	P	E	A	J
R	R	A	I	T	U	M	N	V	U	N	T	W	U	A	K	F	P	Z	S	J	F
A	E	C	L	E	E	P	S	N	A	A	I	S	E	C	N	G	E	E	J	P	X
H	A	I	C	T	A	T	A	W	E	C	N	K	O	E	Y	B	P	V	M	M	F
C	T	U	E	U	R	S	N	W	B	X	A	U	C	O	K	L	O	V	Z	V	I
X	H	R	A	B	E	G	O	R	P	A	N	T	U	A	A	E	D	O	D	E	R
Q	A	B	F	A	T	N	R	S	K	T	Y	T	I	T	H	T	N	U	T	J	E
W	B	G	V	F	S	I	A	C	R	T	H	E	E	O	I	W	U	D	O	S	P
L	L	A	S	F	G	R	K	Y	N	W	L	M	W	I	N	G	H	G	C	C	I
S	E	B	M	L	N	A	B	P	A	P	B	L	A	Z	E	Q	J	S	Z	Z	T
K	S	R	J	E	U	E	L	L	Q	K	R	A	M	H	C	N	E	B	U	R	Y
K	H	A	Z	V	O	B	K	M	P	O	J	S	L	J	X	N	V	O	A	B	C
N	A	E	O	Q	Y	I	X	V	S	M	Z	E	A	L	Y	J	F	T	U	Q	O
M	C	B	U	T	N	V	K	K	C	A	T	K	C	A	B	S	B	H	J	P	Q
E	P	T	G	G	X	C	O	N	T	O	U	R	Y	O	R	U	D	R	O	C	X

vacation	value	walking	water	weather	weekend
wilderness	wildlife	woods	yearly	youngster	youth
zeal	zone	altimeter	anorak	backcountry	back tack
baffle	firepit	baseplate	bean boots	bear bag	bearings
bench mark	blaze	breathable	jackets	bushwhacking	cache
canopy	cardinal	charcoal	cliffs	contour	corduroy

ALL ABOUT CAMPING #9

```
G C T N I R P T O O F G V K O N P W G L L D
B Y B I T H U E H I P L C F H A O G U Z L B
P C V K F E E H U V A U R I E M M A Y Z J N
O Q X M O A N W O D D O K F C D I I P O B Y
F J G C L D O O C H S I H M U A A T O J X Y
Z N U Q R G T C Z T N D L J I E B E I F W A
J S Y J A A S V L G H A F T Q D L R N Y V F
G M L X E S D I B T E H F U E L B O T T L E
M W I D G K N O Z S E K A T S D N U O R G R
N R N B Q E O E N G N I K I H N A P W H U R
Z C E N R T M Y J U P U E M B E R S F S J U
K E S W V G A I G E O D E S I C D O M E K L
C N D O O H I K E W C R U Q L W I O F C F E
A W U R C P D V G F U L V T T T X V A X R S
P G G G A I G Z U S Y T D G C M I S S V A R
Y B M A P F K N O T E Y I A V H R C H H M O
N A S T U R T L I M M R V O Y E O F T P E T
N G V R Z N C T M L T G K T V P S V F B P A
A C O Q E D T O U H L F O A M P A D E L A G
F L D N O K R L U B T I H Y H G U C J N C W
Z X R O N G I N E H E P F P F P X L K C K H
Q K H Q Q C I H R T A S A J J T L E B P I H
```

daypack	deadman	diamond stone	down	draft tube	duck
Dutch oven	embers	fanny pack	ferrule	filling power	foam pad
footprint	frame pack	frost liner	fuel	fuel bottle	gaiter
gators	gauntlet	geodesic dome	gear loft	girth	grommet
ground stakes	guy lines	guy point	haft	haversack	head gasket
hike	hikers	hiking	hiking boot	hip belt	hood closure

ALL ABOUT CAMPING #9

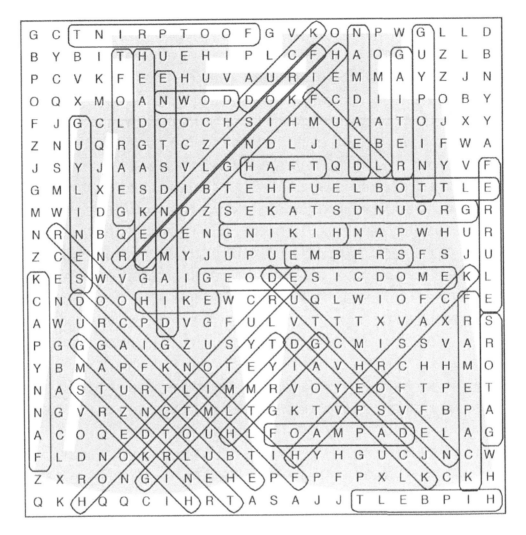

G C T N I R P T O O F G V K O N P W G L L D
B Y B I T H U E H I P L C F H A O G U Z L B
P C V K F E E H U V A U R I E M M A Y Z J N
O Q X M O A N W O D D O K F C D I I P O B Y
F J G C L D O O C H S I H M U A A T O J X Y
Z N U Q R G T C Z T N D L J I E B E I F W A
J S Y J A A S V L G H A F T Q D L R N Y V F
G M L X E S D I B T E H F U E L B O T T L E
M W I D G K N O Z S E K A T S D N U O R G R
N R N B Q E O E N G N I K I H N A P W H U R
Z C E N R T M Y J U P U E M B E R S F S J U
K E S W V G A I G E O D E S I C D O M E K L
C N D O O H I K E W C R U Q L W I O F C F E
A W U R C P D V G F U L V T T T X V A X R S
P G G A I G Z U S Y T D G C M I S S V A R R
Y B M A P F K N O T E Y I A V H R C H H M O
N A S T U R T L I M M R V O Y E O F T P E T
N G V R Z N C T M L T G K T V P S V F B P A
A C O Q E D T O U H L F O A M P A D E L A G
F L D N O K R L U B T I H Y H G U C J N C W
Z X R O N G I N E H E P F P F P X L K C K H
Q K H Q Q C I H R T A S A J J T L E B P I H

daypack	deadman	diamond stone	down	draft tube	duck
Dutch oven	embers	fanny pack	ferrule	filling power	foam pad
footprint	frame pack	frost liner	fuel	fuel bottle	gaiter
gators	gauntlet	geodesic dome	gear loft	girth	grommet
ground stakes	guy lines	guy point	haft	haversack	head gasket
hike	hikers	hiking	hiking boot	hip belt	hood closure

ALL ABOUT CAMPING #10

```
R  E  G  N  A  R  N  O  R  I  I  V  F  P  N  Z  B  M  N  B  V  U
J  E  P  N  P  U  N  C  H  E  O  N  A  U  K  D  A  R  T  O  A  A
R  P  B  M  O  N  S  O  O  N  J  R  Q  Y  N  S  P  R  T  W  L  D
S  H  H  O  U  S  I  N  G  J  K  F  N  X  S  K  O  N  V  M  M  A
V  P  L  A  T  E  A  U  E  A  V  N  I  I  O  L  A  E  U  I  A  P
P  O  N  C  H  O  S  K  X  X  Q  A  F  W  D  E  M  M  X  X  R  R
R  P  Y  E  G  D  E  E  F  I  N  K  F  L  L  M  M  O  X  R  Q  A
E  U  S  K  P  G  N  I  R  E  Y  A  L  J  X  Y  E  D  G  Y  U  B
I  N  B  W  R  O  T  S  Z  T  Y  A  U  W  B  D  Y  D  V  Q  E  M
F  K  N  M  O  U  T  U  Q  F  F  T  S  A  A  D  F  E  I  T  E  U
I  I  W  O  A  R  W  H  M  O  F  J  G  I  R  T  J  I  N  V  M  L
R  E  V  R  N  P  R  H  O  L  X  P  M  N  N  E  I  F  T  F  Y  P
U  S  N  I  W  H  I  A  H  L  W  R  R  E  Q  P  L  I  E  X  U  O
P  P  E  W  S  O  N  N  N  E  O  M  D  P  R  K  D  R  U  P  L
G  Z  J  N  J  E  S  I  D  H  H  U  Q  Q  N  I  I  O  N  S  O  E
W  W  I  T  F  L  S  M  T  E  N  O  P  I  M  M  N  M  A  Q  Q  S
J  D  J  E  X  I  X  O  U  O  X  E  K  S  A  I  D  P  L  S  T  L
I  A  P  E  F  P  P  F  M  E  W  S  Y  P  G  N  L  Q  F  U  H  E
M  S  B  R  M  Y  R  R  I  P  E  J  D  G  U  G  I  X  R  H  Y  E
U  E  U  I  H  I  M  E  B  L  T  S  O  P  V  E  N  J  A  P  K  V
A  M  A  N  X  C  K  K  O  B  J  N  O  C  Y  J  G  P  M  Y  E  E
A  O  J  G  Y  E  D  M  F  E  C  K  O  N  V  M  T  J  E  A  K  S
```

horn	housing	hypothermia	imu	internal frame	iron ranger
kerf	kindling	knife edge	layering	lean to	loft
lumbar pad	map index	marquee	massif	mesa	modified dome
moleskin	monsoon	monument	mummy bag	narrows	noggin
no-see-ums	orienteering	parka	pile	plateau	pole sleeves
poncho	pothole	priming	puncheon	punkies	purifier

ALL ABOUT CAMPING #10

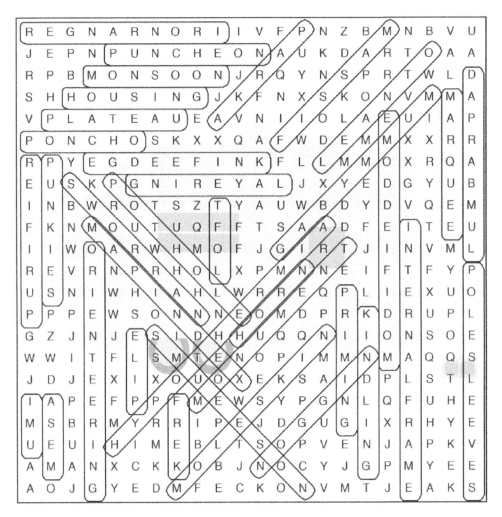

R	E	G	N	A	R	N	O	R	I	I	V	F	P	N	Z	B	M	N	B	V	U
J	E	P	N	P	U	N	C	H	E	O	N	A	U	K	D	A	R	T	O	A	A
R	P	B	M	O	N	S	O	O	N	J	R	Q	Y	N	S	P	R	T	W	L	D
S	H	H	O	U	S	I	N	G	J	K	F	N	X	S	K	O	N	V	M	M	A
V	P	L	A	T	E	A	U	E	A	V	N	I	I	O	L	A	E	U	I	A	P
P	O	N	C	H	O	S	K	X	X	Q	A	F	W	D	E	M	M	X	R	R
R	P	Y	E	G	D	E	E	F	I	N	K	F	L	L	M	M	O	X	R	Q	A
E	U	S	K	P	G	N	I	R	E	Y	A	L	J	X	Y	E	D	G	Y	U	B
I	N	B	W	R	O	T	S	Z	T	Y	A	U	W	B	D	Y	D	V	Q	E	M
F	K	N	M	O	U	T	U	Q	F	F	T	S	A	A	D	F	E	I	T	E	U
I	I	W	O	A	R	W	H	M	O	F	J	G	I	R	T	J	I	N	V	M	L
R	E	V	R	N	P	R	H	O	L	X	P	M	N	N	E	I	F	T	F	Y	P
U	S	N	I	W	H	I	A	H	L	W	R	R	E	Q	P	L	I	E	X	U	O
P	P	P	E	W	S	O	N	N	N	E	O	M	D	P	R	K	D	R	U	P	L
G	Z	J	N	J	E	S	I	D	H	H	U	Q	Q	N	I	I	O	N	S	O	E
W	W	I	T	F	L	S	M	T	E	N	O	P	I	M	M	N	M	A	Q	Q	S
J	D	J	E	X	I	X	O	U	O	X	E	K	S	A	I	D	P	L	S	T	L
I	A	P	E	F	P	P	F	M	E	W	S	Y	P	G	N	L	Q	F	U	H	E
M	S	B	R	M	Y	R	R	I	P	E	J	D	G	U	G	I	X	R	H	Y	E
U	E	U	I	H	I	M	E	B	L	T	S	O	P	V	E	N	J	A	P	K	V
A	M	A	N	X	C	K	K	O	B	J	N	O	C	Y	J	G	P	M	Y	E	E
A	O	J	G	Y	E	D	M	F	E	C	K	O	N	V	M	T	J	E	A	K	S

horn	housing	hypothermia	imu	internal frame	iron ranger
kerf	kindling	knife edge	layering	lean to	loft
lumbar pad	map index	marquee	massif	mesa	modified dome
moleskin	monsoon	monument	mummy bag	narrows	noggin
no-see-ums	orienteering	parka	pile	plateau	pole sleeves
poncho	pothole	priming	puncheon	punkies	purifier

ALL ABOUT CAMPING #11

```
P G L D P S D Q J S X K H W A C D I M K S E
T G P N K I A Y I S T U F F S A C K G C E P
J C Z A M H E G J Q V Q R D T C C T G O T A
O N J H L B G S S B Q O Z E L T A Q A R J T
N O S G P F T F H E C X K Q O O N R N K F M
I Y U A N O M E K K A N T K O E L F P C I A
D N H C N Q L R G C A M G Q V P E W C I U E
P A S K R I M L O L A A S O G E S G Q L P S
S C K T T E A V B T G B R E R Q C G K S Q A
P T L S R C N R B D S O H D A N R I C V K N
D O K Q I E A P Y A T S M C N L E J A S N X
Z L W E B L A V D C O Y J D T H E Y S I O E
W S R U O B Y M E F J Y L F N I A R K N Y L
V V Y S H B U L L S A D Z J B N W L C G N I
G S A C M E F A U H V J J X X K E S U L A T
R I D G E E T E K N A L B E C A P S R E C S
C W V N R C L B C E T N E V E G D I R W E G
S A S Q U I L T E D V Z U G K S O B A D H
H S U B S H E L L L J D D Q K C A T O L I N
E H Y S H O C K C O R D D M B Z U T Y L S S
L E R F X W G X G N I T A R U I W R S L V Y
L X O F A W S Y M R A S S I W S S M O R E S
```

quilted	knots	rain fly	rating	reef	reflector oven
ridge	ridge vent	rock glacier	rucksack	saddle	scarp
scree	seam sealer	seam tape	shell	shock cord	side canyon
sigg	single wall	shell	siwash	slickrock	slot canyon
smores	solar blanket	space blanket	storm flap	stuff sack	Swiss army
stake	stay	stile	stream	stile	switchback

ALL ABOUT CAMPING #11

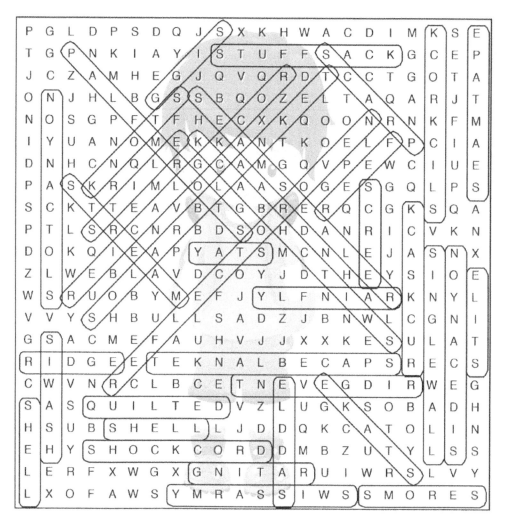

P	G	L	D	P	S	D	Q	J	S	X	K	H	W	A	C	D	I	M	K	S	E
T	G	P	N	K	I	A	Y	I	S	T	U	F	F	S	A	C	K	G	C	E	P
J	C	Z	A	M	H	E	G	J	Q	V	Q	R	D	T	C	C	T	G	O	T	A
O	N	J	H	L	B	G	S	S	B	Q	O	Z	E	L	T	A	Q	A	R	J	T
N	O	S	G	P	F	T	F	H	E	C	X	K	Q	O	O	N	R	N	K	F	M
I	Y	U	A	N	O	M	E	K	K	A	N	T	K	O	E	L	F	P	C	I	A
D	N	H	C	N	Q	L	R	G	C	A	M	G	Q	V	P	E	W	C	I	U	E
P	A	S	K	R	I	M	L	O	L	A	A	S	O	G	E	S	G	Q	L	P	S
S	C	K	T	T	E	A	V	B	T	G	B	R	E	R	Q	C	G	K	S	Q	A
P	T	L	S	R	C	N	R	B	D	S	O	H	D	A	N	R	I	C	V	K	N
D	O	K	Q	I	E	A	P	Y	A	T	S	M	C	N	L	E	J	A	S	N	X
Z	L	W	E	B	L	A	V	D	C	O	Y	J	D	T	H	E	Y	S	I	O	E
W	S	R	U	O	B	Y	M	E	F	J	Y	L	F	N	I	A	R	K	N	Y	L
V	V	Y	S	H	B	U	L	L	S	A	D	Z	J	B	N	W	L	C	G	N	I
G	S	A	C	M	E	F	A	U	H	V	J	J	X	X	K	E	S	U	L	A	T
R	I	D	G	E	E	T	E	K	N	A	L	B	E	C	A	P	S	R	E	C	S
C	W	V	N	R	C	L	B	C	E	T	N	E	V	E	G	D	I	R	W	E	G
S	A	S	Q	U	I	L	T	E	D	V	Z	L	U	G	K	S	O	B	A	D	H
H	S	U	B	S	H	E	L	L	L	J	D	D	Q	K	C	A	T	O	L	I	N
E	H	Y	S	H	O	C	K	C	O	R	D	D	M	B	Z	U	T	Y	L	S	S
L	E	R	F	X	W	G	X	G	N	I	T	A	R	U	I	W	R	S	L	V	Y
L	X	O	F	A	W	S	Y	M	R	A	S	S	I	W	S	S	M	O	R	E	S

quilted	knots	rain fly	rating	reef	reflector oven
ridge	ridge vent	rock glacier	rucksack	saddle	scarp
scree	seam sealer	seam tape	shell	shock cord	side canyon
sigg	single wall	shell	siwash	slickrock	slot canyon
smores	solar blanket	space blanket	storm flap	stuff sack	Swiss army
stake	stay	stile	stream	stile	switchback

ALL ABOUT CAMPING #12

```
N O S F F U L B N R E T N A L I F T O Q U E
R O A Y T A N K S M Y P N T U M P L I N E V
A Y U D T N Z S H S K A T E N T S T A K E S
T K G N I N W A E E J M I W V S Q N T T T T
V N O A Z F U K F W E O Y Z K K T T U R N B
S H E J Y R A L T K M P Q H Q X P R N E A B
Q W T U E T B R T D O T O Y V W A J A N N T D
B O U D S T A Y A R M T S Y M K V I E C S W
V W N W D V C E O N A W Z C Q U V L L H I A
N I O C E Q R U W E I L I R G W B H T I S T
T N Y R P T G B M T U H I W N U G E E N E E
S F S S I B B C E P S B G W Q L A N G R R
O E G W B O O H L A S X A F H B Z D T P R P
U V N O J E B O R E A W C S A T F S G X E R
V E I F M A A G N W G P K T T X T I Q V T O
O S K D C J O R I D B S P V C A W E L Z A O
L T K K B P E K I J O U A I R T K A N H W F
U I E Y O D S A V N Y C C S T I L E D T S W
M B R T L Y I U G X G A K M A E R T S Y F M
E U T I B E Q P L I H S I I H K A F T A L C
L L W I D Q T L N A T R N M N X O U R U F V
P E S A L T Z Q U C T H G Y Z G H M T S F B
```

stake	stay	snow stakes	stile	stream
switchback	table	talus	tanks	tarn
tent stakes	tinder	topo map	topographic map	toque
trenching	trailhead	traverse	tread	trekking
tumpline	tunnel tent	ultralight tent	vestibule	volume
wady	waterproof	water resistant	wilderness	awning
backpacking	lantern	bearings	bluffs	boondocking

ALL ABOUT CAMPING #12

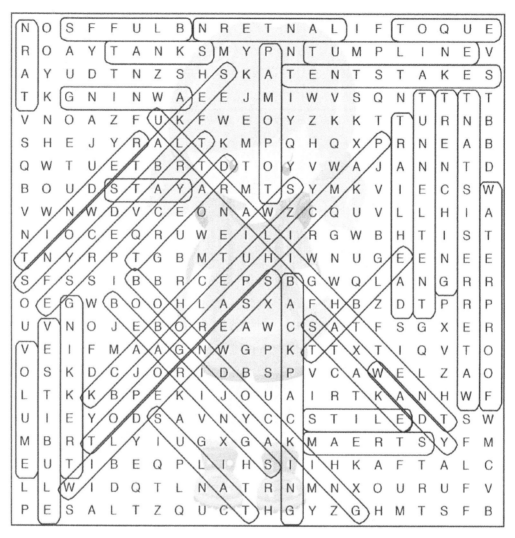

N	O	S	F	F	U	L	B	N	R	E	T	N	A	L	I	F	T	O	Q	U	E
R	O	A	Y	T	A	N	K	S	M	Y	P	N	T	U	M	P	L	I	N	E	V
A	Y	U	D	T	N	Z	S	H	S	K	A	T	E	N	T	S	T	A	K	E	S
T	K	G	N	I	N	W	A	E	E	J	M	I	W	V	S	Q	N	T	T	T	T
V	N	O	A	Z	F	U	K	F	W	E	O	Y	Z	K	K	T	U	R	N	B
S	H	E	J	Y	R	A	L	T	K	M	P	Q	H	Q	X	P	R	N	A	B
Q	W	T	U	E	T	B	R	T	D	T	O	Y	V	W	A	J	A	N	T	D
B	O	U	D	S	T	A	Y	A	R	M	T	S	Y	M	K	V	I	E	C	S	W
V	W	N	W	D	V	C	E	O	N	A	W	Z	C	Q	U	V	L	L	H	I	A
N	I	O	C	E	Q	R	U	W	E	I	L	I	R	G	W	B	H	T	I	S	T
T	N	Y	R	P	T	G	B	M	T	U	H	I	W	N	U	G	E	E	N	E	E
S	F	S	S	I	B	B	R	C	E	P	S	B	G	W	Q	L	A	N	G	R	R
O	E	G	W	B	O	O	H	L	A	S	X	A	F	H	B	Z	D	T	P	R	P
U	V	N	O	J	E	B	O	R	E	A	W	C	S	A	T	F	S	G	X	E	R
V	E	I	F	M	A	A	G	N	W	G	P	K	T	T	X	T	I	Q	V	T	O
O	S	K	D	C	J	O	R	I	D	B	S	P	V	C	A	W	E	L	Z	A	O
L	T	K	K	B	P	E	K	I	J	O	U	A	I	R	T	K	A	N	H	W	F
U	I	E	Y	O	D	S	A	V	N	Y	C	C	S	T	I	L	E	D	T	S	W
M	B	R	T	L	Y	I	U	G	X	G	A	K	M	A	E	R	T	S	Y	F	M
E	U	T	I	B	E	Q	P	L	I	H	S	I	I	H	K	A	F	T	A	L	C
L	L	W	I	D	Q	T	L	N	A	T	R	N	M	N	X	O	U	R	U	F	V
P	E	S	A	L	T	Z	Q	U	C	T	H	G	Y	Z	G	H	M	T	S	F	B

stake	stay	snow stakes	stile	stream
switchback	table	talus	tanks	tarn
tent stakes	tinder	topo map	topographic map	toque
trenching	trailhead	traverse	tread	trekking
tumpline	tunnel tent	ultralight tent	vestibule	volume
wady	waterproof	water resistant	wilderness	awning
backpacking	lantern	bearings	bluffs	boondocking

ALL ABOUT CAMPING #13

```
Q E F P N D O U G H N U T I C C L T E R X F
S S Y U K A W U A A V T A R O Q F W H P V A
F N G P L A C Q U X U J B W H O W F T M I L
O I X R O L Q Y F B G T B L L H D F S A P S
W K R C O N T J L F G O E R A O I E O C U E
I K O E W T A I N L Y F A G C C P N H Y L L
R G V S R H A C M C I E C N O C K E P A E E
E N F L J I S R A E G B F I N F Q W M D M A
T I F R B V N M E Y R N K P D O J U A E A D
R K N Z U F P G H N M S A M E O R J C T C B
E C A U L I R G K D E Y Y A N T T I W A E C
V A M M N H N E K Q H G I C S P N C V Z A R
N H D G V I R M E S Y D U Y A A Q H X R B B
O W A G D H W R D S K P M R T T Q K A I E X
C H E U O C Y I E T T G G D I H R B Q A C O
J S D O H R T W N L E A W D O T I J R E A B
V U P O D T E E D L P B N D N N S H R P U K
Y B S O Y A T T C W B U I D E I A Q D N S C
E S L B T E U O E L G J O R I N K N S N E U
O L A V M E A P R X T T W C G N Y K U Z W H
Y G N O I T A T S P M U D S J Q G M G T A C
C B D U G N I P M A C R A C O G E L X N Y D
```

bear hangs	billy can	black water	bushwhacking	camel up
camp host	canopy	carabiner	car camping	causeway
choss	chuck box	condensation	converter	cowboy camping
coupler	day camp	deadman	dinghy	ditty bag
dolly	dome tent	doughnut	dry camping	dump station
false lead	fen	fire ring	footpath	freestanding
full timers	gear loft	gelcoat	generator	gore tex

ALL ABOUT CAMPING #13

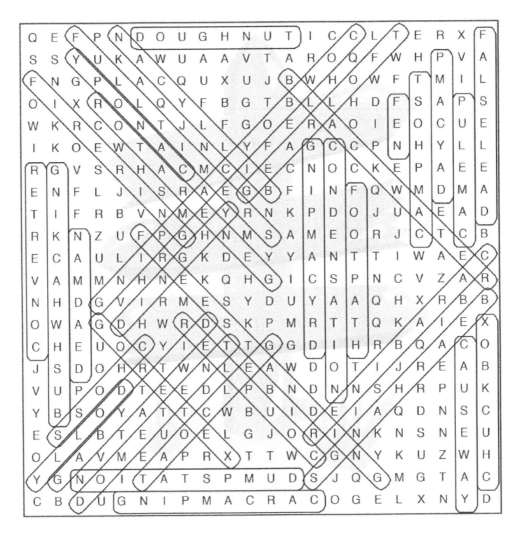

Q E F P N D O U G H N U T I C C L T E R X F
S S Y U K A W U A A V T A R O Q F W H P V A
F N G P L A C Q U X U J B W H O W F T M I L
O I X R O L Q Y F B G T B L L H D F S A P S
W K R C O N T J L F G O E R A O I E O C U E
I K O E W T A I N L Y F A G C C P N H Y L L
R G V S R H A C M C I E C N O C K E P A E E
E N F L J I S R A E G B F I N F Q W M D M A
T I F R B V N M E Y R N K P D O J U A E D D
R K N Z U F P G H N M S A M E O R J C T C B
E C A U L I R G K D E Y Y A N T I W A E C
V A M M N H N E K Q H G I C S P N C V Z A R
N H D G V I R M E S Y D U Y A A Q H X R B B
O W A G D H W R D S K P M R T T Q K A I E X
C H E U O C Y I E T T G D I H R B Q A C O
J S D O H R T W N L E A W D O T I J R E A B
V U P O D T E E D L P B N D N N S H R P U K
Y B S O Y A T T C W B U I D E I A Q D N S C
E S L B T E U O E L G J O R I N K N S N E U
O L A V M E A P R X T T W C G N Y K U Z W H
Y G N O I T A T S P M U D S J Q G M G T A C
C B D U G N I P M A C R A C O G E L X N Y D

bear hangs	billy can	black water	bushwhacking	camel up
camp host	canopy	carabiner	car camping	causeway
choss	chuck box	condensation	converter	cowboy camping
coupler	day camp	deadman	dinghy	ditty bag
dolly	dome tent	doughnut	dry camping	dump station
false lead	fen	fire ring	footpath	freestanding
full timers	gear loft	gelcoat	generator	gore tex

ALL ABOUT CAMPING #14

```
R M A J T L E K O R T S T A E H Z H H L E C
E K C T U S B D M A R I N E P A R K I R N I
T U D R E C V A O K Q U H S V L H S S A U P
A N P I H H W T L T G Q U M B F J R T E Y J
W E G K A P N P A S S B F P N L A U O X R S
Y B R S H A O R I G S E M E Z I R Q R X E P
A A O A E T U T Q R G J E U N E U E I R F I
R T M L Q H A P A K F U Z F R I M R C I E R
G H M U C H U P S B Q Y L E C A C F S D E T
G G E H V G P L H D L Y S K H S R Q I G R S
F U T Q Q E S N N E X D D E E Y W T E K T
T O K T L N V A X J R I W N K R Y M E S Z A
A R D E X P L J B V S D I A I A A O S C X E
T H A P Z S A L E C R L P M T I B E X P S H
I T M V I Y S C O P Y G R A L E S T V N R C
B L X J T R E N K U K O B D T Y R K O W X Q
A L F M E C N X G O C A R X D H S E A F J Z
H U A K A E G I E K U O H H A T H A M E M E
W P I R C I K O E S P T G T S C N C G K P C
I H T T F J F D R A V I N E N W K O Z P B R
L O Q M W P O W A P D M U U K U H S G Z L K
N G N I D N U O R G L X P J O Q V K J F X G
```

gorp	grommet	grounding	gray water	guy lines
habitat	heat strips	heat stroke	herd path	hikers
historic sites	hula skirt	island queen	kerf	lean to
lp gas	mail drop	marine park	nature reserve	no trace
pack out	pass	path	peaks	potable water
pull through	puncheons	rain fly	quick disconnect	rappel
ravine	reefer	ridges	rigs	rimrocked

ALL ABOUT CAMPING #14

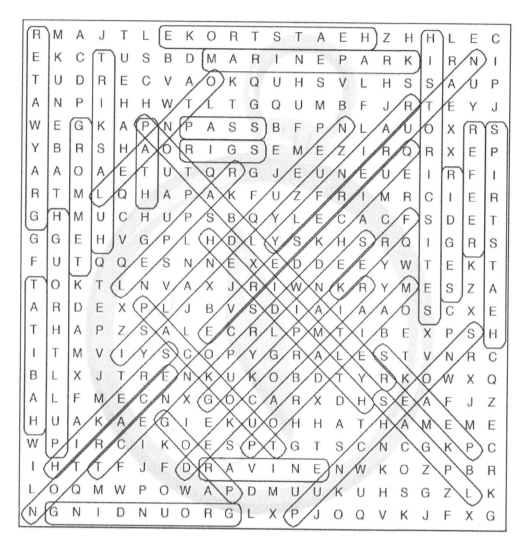

gorp	grommet	grounding	gray water	guy lines
habitat	heat strips	heat stroke	herd path	hikers
historic sites	hula skirt	island queen	kerf	lean to
lp gas	mail drop	marine park	nature reserve	no trace
pack out	pass	path	peaks	potable water
pull through	puncheons	rain fly	quick disconnect	rappel
ravine	reefer	ridges	rigs	rimrocked

ALL ABOUT CAMPING #15

```
X R Q K O B C Z S S D R I B W O N S C I W P
J B Z J T M R D S G N A S L E G O V N Y A E
X Y M A W W I J T H R U H I K E R W Y J C E
T S U L A T H E R M O C O U P L E A A H W W
R A R V T D E N I A T N O C F L E S O U T S
Y K C A B H C T I W S M Q Z F R M H G Q R E
W G O U Q W G Q E K V X D S D D A N I G I S
D V W S M G R I I R S N M T Z H I B N Y P R
B S K I N O U T E U G O P R A K Y I W Y L E
D A E H L I A R T W R D O T I B E Y T O E V
X I V B O Y A X R E E O U H O E Q O T A T A
W V E P Y N R H S K L U D N R W M F H M O R
T F S Y T O A D C F T E G T D A N T R J W T
E Y T R B O O W B Y E I Q N T E I I E R I H
N Z I O L K Y U N P T K N O O M R T E Q N L
T A B T X X T H S W K E E D M T V B S L G I
S Q U S H Q F U A F X D F U E S P D E K H A
X Z L R Z G Z K S U O L S A K R A D A L Q R
A V E E G N I K N U L E P S S Y R S S A L T
J C D D C A Z T T T X E F I Z I K Y O K B Y
R P J N C N E N I L E E R T Y W C F N Q E F
I K A U P V S H O R E P O W E R M E V U W K
```

RV park	safety chains	self contained	shore power	skin out	smores
spelunking	snowbirds	speedhiking	summit	sweep	switchback
talus	tents	thermocouple	three season	thru hiker	tinder
toad	tomatoed out	tongue weight	tow bar	townie	toy hauler
trail	trailhead	traverse	treeing	treeline	triple towing
tub floor	underbelly	understory	vestibule	vogelsang	wash

ALL ABOUT CAMPING #15

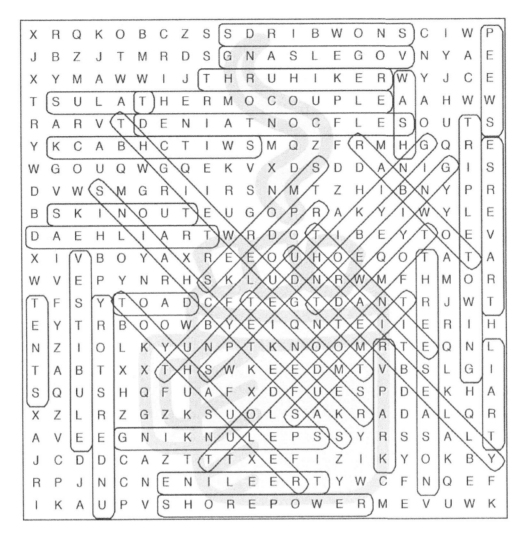

RV park	safety chains	self contained	shore power	skin out	smores
spelunking	snowbirds	speedhiking	summit	sweep	switchback
talus	tents	thermocouple	three season	thru hiker	tinder
toad	tomatoed out	tongue weight	tow bar	townie	toy hauler
trail	trailhead	traverse	treeing	treeline	triple towing
tub floor	underbelly	understory	vestibule	vogelsang	wash

ALL ABOUT CAMPING #16

```
F A N F O I D A R E L X A N R W G V G I E B
A V F E Z M C K B P D N P U J W P A N C M R
X R U F N K J L L C Y M F O G K B G I T K E
G M N C E S U R R V A D H M S R N R K O E A
N S B O O F T U E C O O Z E A I Q Y C C N T
I E P D F N P S E D C I V E K U A L A T A H
N V T J X U D H W O N O B C E W V M P L P A
W C K I L L C E N K T E O Q A T P S K I O B
A V C E S A T V N S B D C E P E N D C Q R L
Z Y M A C P E H P S N A K S R C X P A Y P E
M A E F N R M M G O A A L S A X U I B R C U
C H X M T O A A O I R T G L K J X E Y T A B
H A P E Y C P B C B E R I H M S A T K N M O
K P R I Q U E I B V I W H O F O T L U U P U
P T I Z F P C V E L J L O T N G U R F O G N
C H A R C O A L L S N Y Y G T F T N F C R C
D X C A R C A M P I N G Q B R U P V T K O E
M S E K H D A S R E N I B A R A C Y H C U B
A I B A S E M E N T S G I N E Y C H H A N O
V F N S G N A H R A E B E A R I N G S B D X
V E N I L O S A G N I P M A C M H B Z Q Q A
E Y A W E S U A C S E N I L R U O T N O C K
```

ascender	awning	axleradio	backcountry	backpacking	ball mount
basement	bear bag	bear hangs	bearings	bounce box	bluff
boondocking	brake away	breathable	cache	camel up	camp
camping	campsite	campground	canopies	carabiners	cargo weight
car camping	causeway	charcoal	grill	campstove	campers
cirque	condensation	contour lines	converter	gasoline	propane

ALL ABOUT CAMPING #16

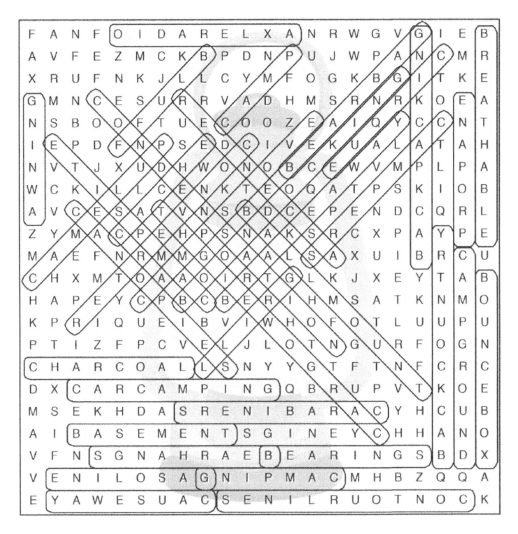

F	A	N	F	O	I	D	A	R	E	L	X	A	N	R	W	G	V	G	I	E	B
A	V	F	E	Z	M	C	K	B	P	D	N	P	U	J	W	P	A	N	C	M	R
X	R	U	F	N	K	J	L	L	C	Y	M	F	O	G	K	B	G	I	T	K	E
G	M	N	C	E	S	U	R	R	V	A	D	H	M	S	R	N	R	K	O	E	A
N	S	B	O	O	F	T	U	E	C	O	O	Z	E	A	I	Q	Y	C	C	N	T
I	E	P	D	F	N	P	S	E	D	C	I	V	E	K	U	A	L	A	T	A	H
N	V	T	J	X	U	D	H	W	O	N	O	B	C	E	W	V	M	P	L	P	A
W	C	K	I	L	L	C	E	N	K	T	E	O	Q	A	T	P	S	K	I	O	B
A	V	C	E	S	A	T	V	N	S	B	D	C	E	P	E	N	D	C	Q	R	L
Z	Y	M	A	C	P	E	H	P	S	N	A	K	S	R	C	X	P	A	Y	P	E
M	A	E	F	N	R	M	M	G	O	A	A	L	S	A	X	U	I	B	R	C	U
C	H	X	M	T	O	A	A	O	I	R	T	G	L	K	J	X	E	Y	T	A	B
H	A	P	E	Y	C	P	B	C	B	E	R	I	H	M	S	A	T	K	N	M	O
K	P	R	I	Q	U	E	I	B	V	I	W	H	O	F	O	T	L	U	U	P	U
P	T	I	Z	F	P	C	V	E	L	J	L	O	T	N	G	U	R	F	O	G	N
C	H	A	R	C	O	A	L	L	S	N	Y	Y	G	T	F	T	N	F	C	R	C
D	X	C	A	R	C	A	M	P	I	N	G	Q	B	R	U	P	V	T	K	O	E
M	S	E	K	H	D	A	S	R	E	N	I	B	A	R	A	C	Y	H	C	U	B
A	I	B	A	S	E	M	E	N	T	S	G	I	N	E	Y	C	H	H	A	N	O
V	F	N	S	G	N	A	H	R	A	E	B	E	A	R	I	N	G	S	B	D	X
V	E	N	I	L	O	S	A	G	N	I	P	M	A	C	M	H	B	Z	Q	Q	A
E	Y	A	W	E	S	U	A	C	S	E	N	I	L	R	U	O	T	N	O	C	K

ascender	awning	axleradio	backcountry	backpacking	ball mount
basement	bear bag	bear hangs	bearings	bounce box	bluff
boondocking	brake away	breathable	cache	camel up	camp
camping	campsite	campground	canopies	carabiners	cargo weight
car camping	causeway	charcoal	grill	campstove	campers
cirque	condensation	contour lines	converter	gasoline	propane

ALL ABOUT CAMPING #17

```
C C B G O Q J W E F J A N W L A N T E R N K
T R O Q U T A R P I R O R L T G M S U Y D X
S A N U T K U U Q N I Y T B R J X T U H U M
R C F P H V I V G T Z C O S E T Q S W P B J
E K A I O Z F N A B A B U Y L O T E Q J C P
G E M R U P W R D N C S S A G F R K Q O S
R R I Z S O T L Y L G P W K X E R O O C F L
U S L P E S G O A O I O T T A T I F R Z F I
B C Y G I E N I D U L N J D T H J G G W E T
W A S G X S Q T G L G I G J I E E Y H Y E R
E M E L J A O W A K K H Y K O R K J O A M A
R R W I E H I M B P U E T G N N Y D S S S V
I I C A M E H F V X N I T E I E G H T E S E
F D I A E S P V W G L H T F R S F Y S I P L
P O L N R O B I Z D G I E H C S O R T T N I
M I F A L E A K N I U C G I O B F E O I E X
A E M X A E H B N G F Q Z A S O H V R V H C
C R Z C M N N R C K B N P U M L L O I I L L
Q U H I B Q E F J K C A N T E E N C E T Y J
J E Y D V V E T D S Q Y G Z D A S S S C K Q
S K O G O Y T N C H O C O L A T E I C A T W
X C S R O O D T U O Q R Y U M M Y D T Y S L
```

outdoors	knife	laughter	lantern	games	discovery
campfire	chocolate	marshmallows	crackers	yummy	sleeping bag
tarp	outhouse	registration	overnight	travel	activities
canteen	relaxation	forests	beaches	canyons	family
togetherness	coffee	hotdogs	burgers	ghost stories	kindling

ALL ABOUT CAMPING #17

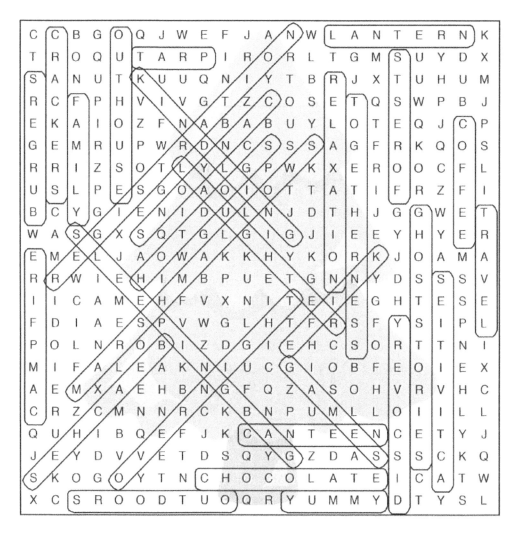

outdoors	knife	laughter	lantern	games	discovery
campfire	chocolate	marshmallows	crackers	yummy	sleeping bag
tarp	outhouse	registration	overnight	travel	activities
canteen	relaxation	forests	beaches	canyons	family
togetherness	coffee	hotdogs	burgers	ghost stories	kindling

ALL ABOUT CAMPING #18

```
A N A I S I U O L Y K C U T N E K K S R Z P
S S N E W M E X I C O R U F N A Q A T J K H
A K S A L A R N S A E F U F R Q S L T T A E
N C A L I F O R N I A P X I G N E A E B X E
N O T G S F N M U A B A Z C A E Q L S X Z D
B S R O Y T M D A R O O I K X E P A U C L S
M S R T H U N I N W N Q O G R H C B H R F A
I A I V H A Q X N A O P I I R O Q A C K X S
S N I J U C D V K N M I H V N O N M A R L N
S A L R P Y A I G I E S O N U K E A S S X A
I I L K E K W R S N P S E C H P W G S I A K
S D I F Y W H S O M A C O Y M D Y V A Y T R
S N N Q Q E O F A L T G D T A E O M M W O A
I I O Y C U S H V I I N I K A O R A J J K A
P Q I P R O W R C G A N S H L X K I N I A D
P K S I K E L U E L J A A T C N L N J U D I
I I X L N O T O Y J R E T W Y I B E N D H R
P U H N F R M R R B W C S S B B M X A S T O
G D E L A W A R E A O E E G P O M S P B R L
D G V R W M H N W X D Q N O X A R E E L O F
L P U H A W A I I O D O E C N A D A V E N Y
W R U R W S M O N T A N A E N Y A J Q U O C
```

Alabama	Alaska	Arizona	Arkansas	California
Colorado	Connecticut	Delaware	Florida	Georgia
Hawaii	Idaho	Illinois	Indiana	Iowa
Kansas	Kentucky	Louisiana	Maine	Maryland
Massachusetts	Michigan	Minnesota	Mississippi	Missouri
Montana	Nebraska	Nevada	New Hampshire	New Jersey
New Mexico	New York	North Carolina	North Dakota	Ohio

ALL ABOUT CAMPING #18

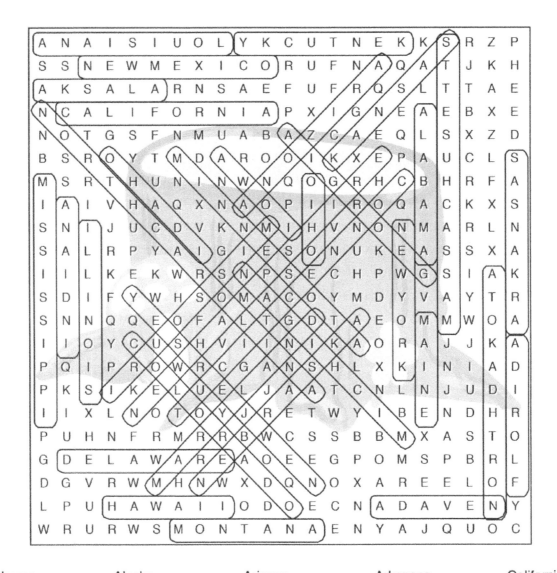

A	N	A	I	S	I	U	O	L	Y	K	C	U	T	N	E	K	K	S	R	Z	P

Grid letters:

A N A I S I U O L Y K C U T N E K K S R Z P
S S N E W M E X I C O R U F N A Q A T J K H
A K S A L A R N S A E F U F R Q S L T T A E
N C A L I F O R N I A P X I G N E A E B X E
N O T G S F N M U A B A Z C A E Q L S X Z D
B S R O Y T M D A R O O I K X E P A U C L S
M S R T H U N I N W N Q O G R H C B H R F A
I A I V H A Q X N A O P I I R O Q A C K X S
S N I J U C D V K N M I H V N O N M A R L N
S A L R P Y A I G I E S O N U K E A S S X A
I I L K E K W R S N P S E C H P W G S I A K
S D I F Y W H S O M A C O Y M D Y V A Y T R
S N N Q Q E O F A L T G D T A E O M M W O A
I I O Y C U S H V I I N I K A O R A J J K A
P Q I P R O W R C G A N S H L X K I N I A D
P K S I K E L U E L J A A T C N L N J U D I
I I X L N O T O Y J R E T W Y I B E N D H R
P U H N F R M R R B W C S S B B M X A S T O
G D E L A W A R E A O E E G P O M S P B R L
D G V R W M H N W X D Q N O X A R E E L O F
L P U H A W A I I O D O E C N A D A V E N Y
W R U R W S M O N T A N A E N Y A J Q U O C

Alabama   Alaska   Arizona   Arkansas   California
Colorado   Connecticut   Delaware   Florida   Georgia
Hawaii   Idaho   Illinois   Indiana   Iowa
Kansas   Kentucky   Louisiana   Maine   Maryland
Massachusetts Michigan   Minnesota   Mississippi   Missouri
Montana   Nebraska   Nevada   New Hampshire   New Jersey
New Mexico   New York   North Carolina   North Dakota   Ohio

ALL ABOUT CAMPING #19

```
U O B A D S A G U T R O T Y R D H V T Q X M
T Q Z W Q D H C J T D A M O H A L K O T Q X
A V I S E D A L G R E V E F F L M C E O W F
H I U C U Y A H O G A V A L L E Y X R D V E
E H M Y E L L A V H T A E D S F A E N G Q E
K S D N A L D A B U I N C O U S G A Q A X R
A G G C P A A C A D I A U O J O L C O O C L
L O A Y A T T U Q S P T T N N S W M X A Y O
R B O T Z N U O N B H E O N I G A B R H W T
E W V Z E N Y O K C I Y N E O S A L I A N I
T E B G P S C O A A N G D N N M S R S P K P
A S R F T S O R N A D O B A S B R H E S J A
R T Y Z I E O F C L H H C E A Y I E E E D C
C V C W W L N K T R A I T D N N L H V I B V
E I E B I Y C N T H R N C U G D C V R L Z L
G R C N I A O O E E E A D T O R Y N A A K O
G G A A L S C M M S V A O S A S X L X N J I
I I N B E G C A I E S N R E C I M B B E I W
F N Y W V P U A R N L E O C T R E Q U D E A
N I O P S C R N Y F G C E K T A F S E G M T
J A N L M N S A I N I G R I V I T H U T A W
U U S D N A L S I L E N N A H C C L X G F V
```

Oklahoma	Oregon	Pennsylvania	Rhode Island	South Carolina
South Dakota	Tennessee	Texas	Utah	Vermont
Virginia	Washington	West Virginia	Wisconsin	Wyoming
Acadia	American Samoa	Arches	Badlands	Big Bend
Biscayne	Black Canyon	Bryce Canyon	Canyonlands	Capitol Reef
Carlsbad Caverns	Channel Islands	Congaree	Crater Lake	Cuyahoga Valley
Death Valley	Denali	Dry Tortugas	Everglades	Gates of the Arctic

ALL ABOUT CAMPING #19

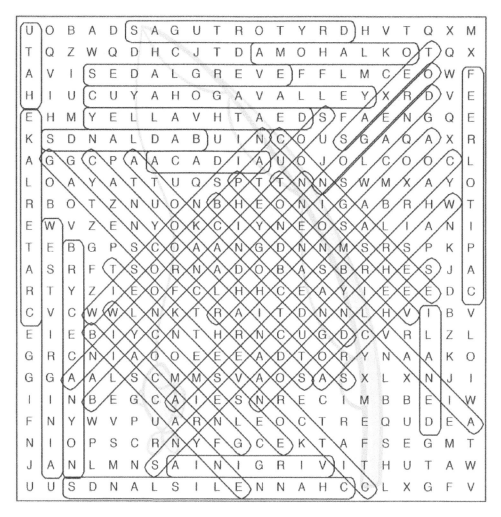

Oklahoma	Oregon	Pennsylvania	Rhode Island	South Carolina
South Dakota	Tennessee	Texas	Utah	Vermont
Virginia	Washington	West Virginia	Wisconsin	Wyoming
Acadia	American Samoa	Arches	Badlands	Big Bend
Biscayne	Black Canyon	Bryce Canyon	Canyonlands	Capitol Reef
Carlsbad Caverns	Channel Islands	Congaree	Crater Lake	Cuyahoga Valley
Death Valley	Denali	Dry Tortugas	Everglades	Gates of the Arctic

ALL ABOUT CAMPING #20

```
S N I A T N U O M E P U L A D A U G E Y G C
E M R Z V V Y I N D I A N A D U N E S A R I
O R O W K O B U K V A L L E Y L E M A I A N
N N E K J R E K E I K I N G S C A N Y O N A
A I O D Y J A Z A G M G P H L K G U E U D C
C A E R W M I L T T R O E I E C R V L Q C L
L T V B T O O Z C A M N U E Q V E I L E A O
O N A V N H O U N E A A R N P B A R O S N V
V U C H O F C D N N K T I E T Y T G W Y Y N
I O D H G Y T A D T A A T I D R S I S A O E
I M N S H E A O S U A R L H G K A N T B N S
A Y I E T C A G H C I I M H R E N I O R N S
W K W O L H R S E F A A N H E N D S N E R A
A C N R Y A O A I U M D A S A A D L E I S L
H O Y X A J Y E Y M R L E C T I U A D C E K
D R Q O P N D O O A E S I S B F N N R A L R
X A Z U S F G T R A W P M W A J E D E L C E
M U V Z O E H E K E M E R Y S O S S V G A I
I G G R L C M A L Y L P T N I R R D A R N C
M A E R A Q L I L L V S A A N D W R S G N A
U S U V K Ā H O T S P R I N G S S C E J I L
T L E V E S O O R E R O D O E H T P M S P G
```

Gateway Arch	Glacier	Glacier Bay	Grand Canyon
Grand Teton	Great Basin	Great Sand Dunes	Smoky Mountains
Guadalupe Mountains	Haleakalā	Hawaii Volcanoes	Hot Springs
Indiana Dunes	Isle Royale	Joshua Tree	Katmai
Kenai Fjords	Kings Canyon	Kobuk Valley	Lake Clark
Lassen Volcanic	Mammoth Cave	Mesa Verde	Mount Rainier
North Cascades	Olympic	Petrified Forest	Pinnacles
Redwood	Rocky Mountain	Saguaro	Sequoia
Shenandoah	Theodore Roosevelt	Virgin Islands	Voyageurs
Wind Cave	Wrangell	Yellowstone	Yosemite
Zion			

ALL ABOUT CAMPING #20

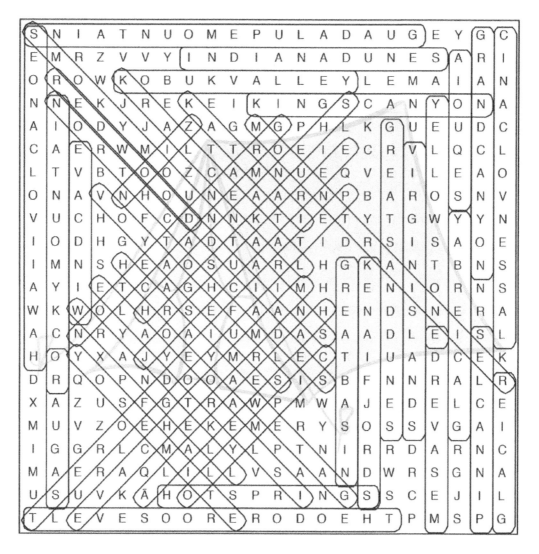

S	N	I	A	T	N	U	O	M	E	P	U	L	A	D	A	U	G	E	Y	G	C
E	M	R	Z	V	V	Y	I	N	D	I	A	N	A	D	U	N	E	S	A	R	I
O	R	O	W	K	O	B	U	K	V	A	L	L	E	Y	L	E	M	A	I	A	N
N	N	E	K	J	R	E	K	E	I	K	I	N	G	S	C	A	N	Y	O	N	A
A	I	O	D	Y	J	A	Z	A	G	M	G	P	H	L	K	G	U	E	U	D	C
C	A	E	R	W	M	I	L	T	T	R	O	E	I	E	C	R	V	L	Q	C	L
L	T	V	B	T	O	O	Z	C	A	M	N	U	E	Q	V	E	I	L	E	A	O
O	N	A	V	N	H	O	U	N	E	A	A	R	N	P	B	A	R	O	S	N	V
V	U	C	H	O	F	C	D	N	N	K	T	I	E	T	Y	T	G	W	Y	Y	N
I	O	D	H	G	Y	T	A	D	T	A	A	T	I	D	R	S	I	S	A	O	E
I	M	N	S	H	E	A	O	S	U	A	R	L	H	G	K	A	N	T	B	N	S
A	Y	I	E	T	C	A	G	H	C	I	I	M	H	R	E	N	I	O	R	N	S
W	K	W	O	L	H	R	S	E	F	A	A	N	H	E	N	D	S	N	E	R	A
A	C	N	R	Y	A	O	A	I	U	M	D	A	S	A	A	D	L	E	I	S	L
H	O	Y	X	A	J	Y	E	Y	M	R	L	E	C	T	I	U	A	D	C	E	K
D	R	Q	O	P	N	D	O	O	A	E	S	I	S	B	F	N	N	R	A	L	R
X	A	Z	U	S	F	G	T	R	A	W	P	M	W	A	J	E	D	E	L	C	E
M	U	V	Z	O	E	H	E	K	E	M	E	R	Y	S	O	S	S	V	G	A	I
I	G	G	R	L	C	M	A	L	Y	L	P	T	N	I	R	D	A	R	N	C	A
M	A	E	R	A	Q	L	I	L	L	V	S	A	A	N	D	W	R	S	G	N	L
U	S	U	V	K	Ā	H	O	T	S	P	R	I	N	G	S	S	C	E	J	I	G
T	L	E	V	E	S	O	O	R	E	R	O	D	O	E	H	T	P	M	S	P	G

Gateway Arch	Glacier	Glacier Bay	Grand Canyon
Grand Teton	Great Basin	Great Sand Dunes	Smoky Mountains
Guadalupe Mountains	Haleakalā	Hawaii Volcanoes	Hot Springs
Indiana Dunes	Isle Royale	Joshua Tree	Katmai
Kenai Fjords	Kings Canyon	Kobuk Valley	Lake Clark
Lassen Volcanic	Mammoth Cave	Mesa Verde	Mount Rainier
North Cascades	Olympic	Petrified Forest	Pinnacles
Redwood	Rocky Mountain	Saguaro	Sequoia
Shenandoah	Theodore Roosevelt	Virgin Islands	Voyageurs
Wind Cave	Wrangell	Yellowstone	Yosemite
Zion			

[1]C	A	M	[2]P	I	N	G		

U
Z
Z
L
E

[3]C	R	O	S	S	W	O	R	D

CAMPING CROSSWORDS #1

Across

2. For sitting
5. To walk a great distance
8. Portable light
10. To start a fire
12. Equipment needed for fishing
14. Outdoor source of heat
15. Family activity
18. For sleeping warm at night
19. Camping vehicle
21. Traditional trail bread
22. To help see things far away
23. A portable shelter for sleeping
24. Portable light

Down

1. Portable light
3. A big body of water
4. Site where tent is set up
6. Small house or cottage
7. Current direction of travel
9. Call ahead
11. Holds beverages
13. A place to camp
16. Type of campsite
17. Straight sided cooking pot
20. Area of land covered by trees
22. Small cooking pot

CAMPING CROSSWORDS #1

Across
2. For sitting [CHAIR]
5. To walk a great distance [HIKE]
8. Portable light [LANTERN]
10. To start a fire [MATCHES]
12. Equipment needed for fishing [POLE]
14. Outdoor source of heat [CAMPFIRE]
15. Family activity [CAMPING]
18. For sleeping warm at night
    [SLEEPINGBAG]
19. Camping vehicle [TRAILER]
21. Traditional trail bread [BANNOCK]
22. To help see things far away [BINOCULARS]
23. A portable shelter for sleeping [TENT]
24. Portable light [FLASHLIGHT]

Down
1. Portable light [CANDLE]
3. A big body of water [LAKE]
4. Site where tent is set up [BIVOUAC]
6. Small house or cottage [CABIN]
7. Current direction of travel [BEARING]
9. Call ahead [REGISTER]
11. Holds beverages [THERMOS]
13. A place to camp [CAMPGROUND]
16. Type of campsite [PULLTHROUGH]
17. Straight sided cooking pot [BILLYCAN]
20. Area of land covered by trees [FOREST]
22. Small cooking pot [BILLY]

CAMPING CROSSWORDS #2

Across

2. Heavy metal pot with cover
6. Sign painted symbol on tree or rock
8. Rigid outside part of pack
10. For maintaining a fire
11. Sudden flood of water
13. Shape and square footage of tent floor
14. Small pile of stones used for trail marker
15. A tent shape
17. Pack attached at waist-belt

Down

1. Insulation used in some sleeping bags
2. Overhead tarp used for protection
3. A precipice
4. Diethyl-meta-toluamide
5. Refers to porosity of fabrics
7. Most efficient heat for cooking
9. Inner wall of double-walled tent
12. Small backpack holding enough gear for one day
13. Rounded end of sleeping bag
16. Side of a cliff

CAMPING CROSSWORDS #2

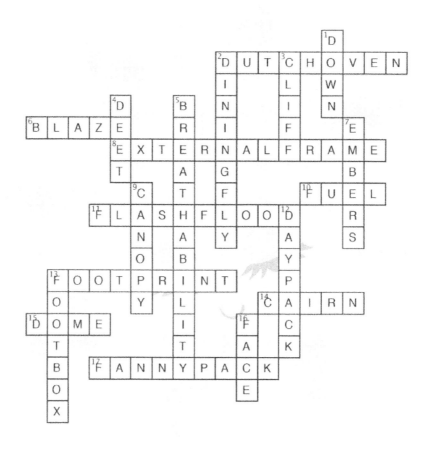

Across

2. Heavy metal pot with cover [DUTCHOVEN]
6. Sign painted symbol on tree or rock [BLAZE]
8. Rigid outside part of pack [EXTERNALFRAME]
10. For maintaining a fire [FUEL]
11. Sudden flood of water [FLASHFLOOD]
13. Shape and square footage of tent floor [FOOTPRINT]
14. Small pile of stones used for trail marker [CAIRN]
15. A tent shape [DOME]
17. Pack attached at waist-belt [FANNYPACK]

Down

1. Insulation used in some sleeping bags [DOWN]
2. Overhead tarp used for protection [DININGFLY]
3. A precipice [CLIFF]
4. Diethyl-meta-toluamide [DEET]
5. Refers to porosity of fabrics [BREATHABILITY]
7. Most efficient heat for cooking [EMBERS]
9. Inner wall of double-walled tent [CANOPY]
12. Small backpack holding enough gear for one day [DAYPACK]
13. Rounded end of sleeping bag [FOOTBOX]
16. Side of a cliff [FACE]

CAMPING CROSSWORDS #3

Across

3. Overhead shelf in a tent
4. Dome-shaped tent
6. Material running through tent poles
8. Handle of an axe
12. Cords used to secure walls or rainfly
13. Outdoor activity
15. Tent anchors
18. Tent covering
19. A long walk
20. Hood of a sleeping bag

Down

1. Bacteria that contaminates water
2. Camping treat
5. Water activity
7. Measurement around sleeper's waist
9. Knapsack or backpack
10. Glove for added warmth and protection
11. Foot traveler
14. Little round sewn-in metal rings
16. To live off the land
17. Low point of ridge or crest line

CAMPING CROSSWORDS #3

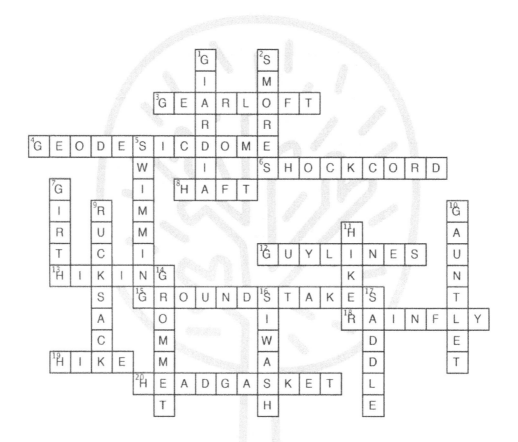

Across

3. Overhead shelf in a tent [GEARLOFT]
4. Dome-shaped tent [GEODESICDOME]
6. Material running through tent poles [SHOCKCORD]
8. Handle of an axe [HAFT]
12. Cords used to secure walls or rainfly [GUYLINES]
13. Outdoor activity [HIKING]
15. Tent anchors [GROUNDSTAKES]
18. Tent covering [RAINFLY]
19. A long walk [HIKE]
20. Hood of a sleeping bag [HEADGASKET]

Down

1. Bacteria that contaminates water [GIARDIA]
2. Camping treat [SMORES]
5. Water activity [SWIMMING]
7. Measurement around sleeper's waist [GIRTH]
9. Knapsack or backpack [RUCKSACK]
10. Glove for added warmth and protection [GAUNTLET]
11. Foot traveler [HIKER]
14. Little round sewn-in metal rings [GROMMET]
16. To live off the land [SIWASH]
17. Low point of ridge or crest line [SADDLE]

CAMPING CROSSWORDS #4

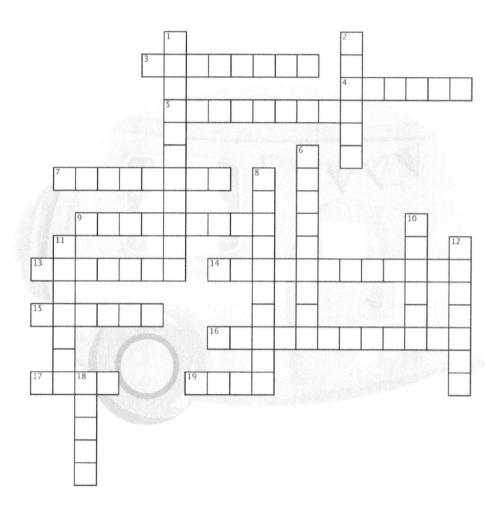

Across

3. Spring loaded nylon clamp
4. Flowing body of water
5. Maine hunting shoes
7. Close fitting sleeping gear
9. Bushy areas of plants
13. Large meeting tent
14. Curved part of tent at perimeter
15. Rectangular hooded rain garment
16. Mylar coated covering
17. Flat topped mountain
19. Rocks used for trail markers

Down

1. Two painted tree markings
2. Group of several mountain summits
6. Insulated flap over sleeping bag zipper
8. Pack popular with canoeists
10. Pullover jacket
11. Ankle length mountaineering parka
12. Small pocket compass
18. Structure for crossing over fences

CAMPING CROSSWORDS #4

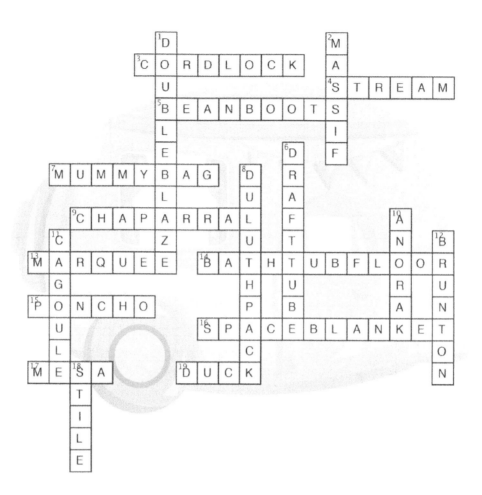

Across

3. Spring loaded nylon clamp [CORDLOCK]
4. Flowing body of water [STREAM]
5. Maine hunting shoes [BEANBOOTS]
7. Close fitting sleeping gear [MUMMYBAG]
9. Bushy areas of plants [CHAPARRAL]
13. Large meeting tent [MARQUEE]
14. Curved part of tent at perimeter [BATHTUBFLOOR]
15. Rectangular hooded rain garment [PONCHO]
16. Mylar coated covering [SPACEBLANKET]
17. Flat topped mountain [MESA]
19. Rocks used for trail markers [DUCK]

Down

1. Two painted tree markings [DOUBLEBLAZE]
2. Group of several mountain summits [MASSIF]
6. Insulated flap over sleeping bag zipper [DRAFTTUBE]
8. Pack popular with canoeists [DULUTHPACK]
10. Pullover jacket [ANORAK]
11. Ankle length mountaineering parka [CAGOULE]
12. Small pocket compass [BRUNTON]
18. Structure for crossing over fences [STILE]

CAMPING CROSSWORDS #5

Across

3. Small thin dead wood for fires
4. Sleeping mattress
6. A sleeping bag's insulation height and thickness
9. Metal sleeve for fiberglass tent poles
12. Nylong anklets with side zippers
13. Seam thru 4 layers of material
15. Steep rock face
16. Shallow pit used for cooking
17. Hiker's food bag
18. Campground's fee collection box

Down

1. Support device of a backpack
2. Material for under sleeping bags
5. Cut made by axe or saw
7. Detachable inner tent roof
8. Lowering of body's core temperature
9. Calf-length parka
10. Wearing several layers of clothing
11. Keeps fire burning
14. A backpack's support for comfort

CAMPING CROSSWORDS #5

Across

3. Small thin dead wood for fires [KINDLING]
4. Sleeping mattress [FOAMPAD]
6. A sleeping bag's insulation height and thickness [LOFT]
9. Metal sleeve for fiberglass tent poles [FERRULE]
12. Nylong anklets with side zippers [GATORS]
13. Seam thru 4 layers of material [FLATFELLSEAM]
15. Steep rock face [ESCARPMENT]
16. Shallow pit used for cooking [IMU]
17. Hiker's food bag [HAVERSACK]
18. Campground's fee collection box [IRONRANGER]

Down

1. Support device of a backpack [HIPBELT]
2. Material for under sleeping bags [ENSOLITE]
5. Cut made by axe or saw [KERF]
7. Detachable inner tent roof [FROSTLINER]
8. Lowering of body's core temperature [HYPOTHERMIA]
9. Calf-length parka [FISHERMANSSHIRT]
10. Wearing several layers of clothing [LAYERING]
11. Keeps fire burning [FUEL]
14. A backpack's support for comfort [LUMBARPAD]

CAMPING CROSSWORDS #6

Across
3. An oversized load you try to carry
6. An offshoot of a main trail
7. Lightweight tools for hiking
8. A kind of jacket
10. Word used for a face plant
11. Rock climbing without ropes or harnesses
12. A section of small rocks forming a field
14. Corner edge of a rock wall
17. Brewing coffee directly in hot water

Down
1. Sliding down snow or glacier on your butt
2. Trail mix
4. Another word for route
5. Fabric consisting of three fibers
9. Area at base of routes or boulders
12. To complete a climb or a hike
13. Every possible trail hiked in an area
15. Hidden stash of treats left by trail angel
16. To hit your limit

CAMPING CROSSWORDS #6

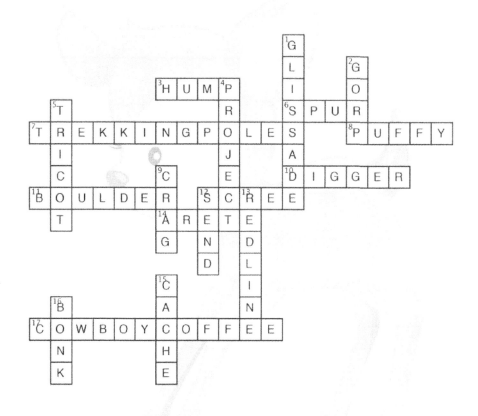

Across

3. An oversized load you try to carry [HUMP]
6. An offshoot of a main trail [SPUR]
7. Lightweight tools for hiking [TREKKINGPOLES]
8. A kind of jacket [PUFFY]
10. Word used for a face plant [DIGGER]
11. Rock climbing without ropes or harnesses [BOULDER]
12. A section of small rocks forming a field [SCREE]
14. Corner edge of a rock wall [ARETE]
17. Brewing coffee directly in hot water [COWBOYCOFFEE]

Down

1. Sliding down snow or glacier on your butt [GLISSADE]
2. Trail mix [GORP]
4. Another word for route [PROJECT]
5. Fabric consisting of three fibers [TRICOT]
9. Area at base of routes or boulders [CRAG]
12. To complete a climb or a hike [SEND]
13. Every possible trail hiked in an area [REDLINE]
15. Hidden stash of treats left by trail angel [CACHE]
16. To hit your limit [BONK]

T	I	C
T	A	C
T	O	E

Winner_____   Winner_____   Winner_____

Winner_____   Winner_____   Winner_____

Winner_____   Winner_____   Winner_____

Winner_____   Winner_____   Winner_____

Winner_____   Winner_____   Winner_____

Winner_____   Winner_____   Winner_____

Winner_____

Winner_____

Winner_____

Winner_____

Winner_____

Winner_____

Winner_____

Winner_____

Winner_____

Winner_____

Winner_____

Winner_____

Winner_____

Winner_____

Winner_____

Winner_____

Winner_____

Winner_____

Winner_____ Winner_____ Winner_____

Winner_____ Winner_____ Winner_____

Winner_____ Winner_____ Winner_____

Winner_____ Winner_____ Winner_____

Winner_____ Winner_____ Winner_____

Winner_____ Winner_____ Winner_____

Winner_____ Winner_____ Winner_____

Winner_____ Winner_____ Winner_____

Winner_____ Winner_____ Winner_____

Winner_____ Winner_____ Winner_____

Winner_____ Winner_____ Winner_____

Winner_____ Winner_____ Winner_____

Winner_____   Winner_____   Winner_____

Winner_____   Winner_____   Winner_____

Winner_____   Winner_____   Winner_____

Winner_____

Winner_____

Winner_____

Winner_____

Winner_____

Winner_____

Winner_____

Winner_____

Winner_____

Winner_____ Winner_____ Winner_____

Winner_____ Winner_____ Winner_____

Winner_____ Winner_____ Winner_____

Winner_____   Winner_____   Winner_____

Winner_____   Winner_____   Winner_____

Winner_____   Winner_____   Winner_____

Winner_____

Winner_____

Winner_____

Winner_____

Winner_____

Winner_____

Winner_____

Winner_____

Winner_____

Winner_____

Winner_____

Winner_____

Winner_____

Winner_____

Winner_____

Winner_____

Winner_____

Winner_____

Winner_____   Winner_____   Winner_____

Winner_____   Winner_____   Winner_____

Winner_____   Winner_____   Winner_____

Winner_____

Winner_____

Winner_____

Winner_____

Winner_____

Winner_____

Winner_____

Winner_____

Winner_____

Winner_____   Winner_____   Winner_____

Winner_____   Winner_____   Winner_____

Winner_____   Winner_____   Winner_____

Winner_____   Winner_____   Winner_____

Winner_____   Winner_____   Winner_____

Winner_____   Winner_____   Winner_____

Winner_____ Winner_____ Winner_____

Winner_____ Winner_____ Winner_____

Winner_____ Winner_____ Winner_____

Winner_____   Winner_____   Winner_____

Winner_____   Winner_____   Winner_____

Winner_____   Winner_____   Winner_____

Winner_____

Winner_____

Winner_____

Winner_____

Winner_____

Winner_____

Winner_____

Winner_____

Winner_____

Winner_____

Winner_____

Winner_____

Winner_____

Winner_____

Winner_____

Winner_____

Winner_____

Winner_____

Winner_____   Winner_____   Winner_____

Winner_____   Winner_____   Winner_____

Winner_____   Winner_____   Winner_____

Winner_____   Winner_____   Winner_____

Winner_____   Winner_____   Winner_____

Winner_____   Winner_____   Winner_____

Winner_____

Winner_____

Winner_____

Winner_____

Winner_____

Winner_____

Winner_____

Winner_____

Winner_____

Winner_____

Winner_____

Winner_____

Winner_____

Winner_____

Winner_____

Winner_____

Winner_____

Winner_____

Winner_____

Winner_____

Winner_____

Winner_____

Winner_____

Winner_____

Winner_____

Winner_____

Winner_____

Winner_____

Winner_____

Winner_____

Winner_____

Winner_____

Winner_____

Winner_____

Winner_____

Winner_____

Winner_____

Winner_____

Winner_____

Winner_____

Winner_____

Winner_____

Winner_____

Winner_____

Winner_____

Winner_____

Winner_____

Winner_____

Winner_____

Winner_____

Winner_____

Winner_____

Winner_____

Winner_____

Winner_____   Winner_____   Winner_____

Winner_____   Winner_____   Winner_____

Winner_____   Winner_____   Winner_____

Winner_____

Winner_____

Winner_____

Winner_____

Winner_____

Winner_____

Winner_____

Winner_____

Winner_____

Winner_____ Winner_____ Winner_____

Winner_____ Winner_____ Winner_____

Winner_____ Winner_____ Winner_____

Winner_____   Winner_____   Winner_____

Winner_____   Winner_____   Winner_____

Winner_____   Winner_____   Winner_____

Winner_____

Winner_____

Winner_____

Winner_____

Winner_____

Winner_____

Winner_____

Winner_____

Winner_____

Winner_____   Winner_____   Winner_____

Winner_____   Winner_____   Winner_____

Winner_____   Winner_____   Winner_____

Winner_____   Winner_____   Winner_____

Winner_____   Winner_____   Winner_____

Winner_____   Winner_____   Winner_____

Winner_____

Winner_____

Winner_____

Winner_____

Winner_____

Winner_____

Winner_____

Winner_____

Winner_____

Winner_____   Winner_____   Winner_____

Winner_____   Winner_____   Winner_____

Winner_____   Winner_____   Winner_____

Winner_____

Winner_____

Winner_____

Winner_____

Winner_____

Winner_____

Winner_____

Winner_____

Winner_____

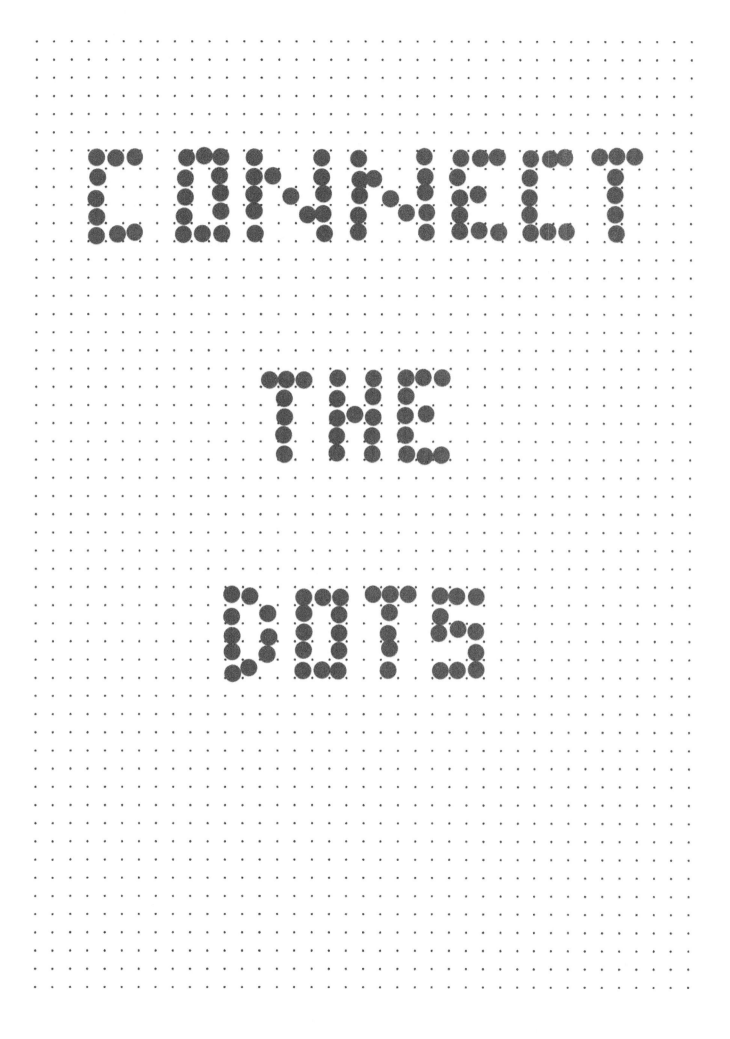

Made in the USA
Middletown, DE
03 July 2023

34536298R00130